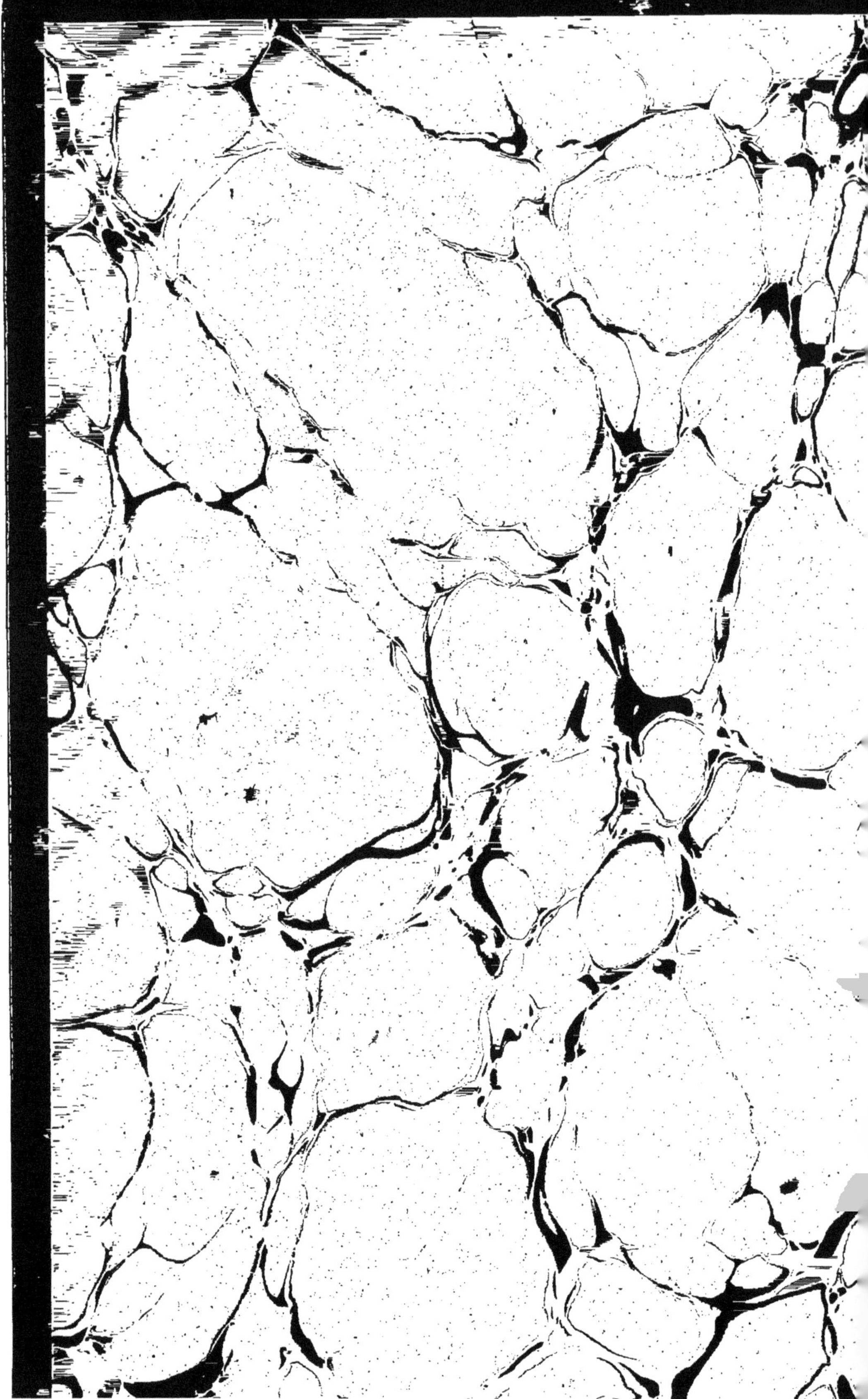

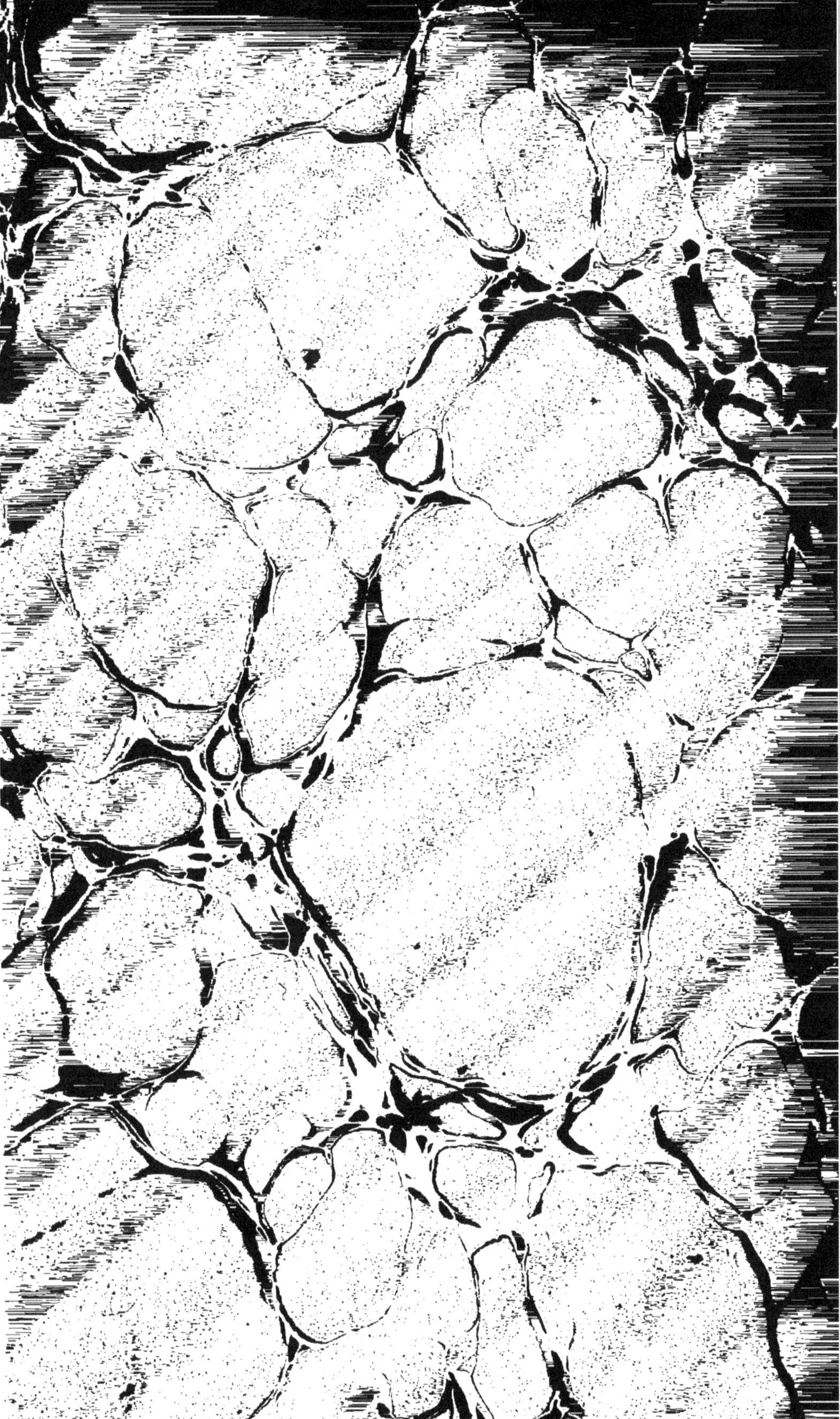

RODOLPHE DE VÉZELAY

LE PORTUGAL
POLITIQUE

PARIS
E. DENTU, ÉDITEUR
LIBRAIRE DE LA SOCIÉTÉ DES GENS DE LETTRES
3, PLACE DE VALOIS (PALAIS-ROYAL)

1890

LE PORTUGAL POLITIQUE

OUVRAGES DU MÊME AUTEUR

MADAME DE PRESMES....... 1 volume. Dentu, 1886.

EN ESPAGNE.................. 1 — — 1887.

RODOLPHE DE VÉZELAY

LE PORTUGAL

POLITIQUE

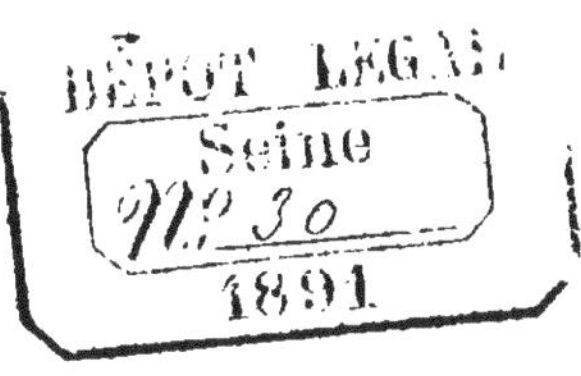

PARIS
E. DENTU, ÉDITEUR
LIBRAIRE DE LA SOCIÉTÉ DES GENS DE LETTRES
3, PLACE DE VALOIS (PALAIS-ROYAL)

1890

PRÉFACE

Le Portugal traverse en ce moment une crise des plus graves. A la suite du différend qui s'est produit entre le gouvernement de Londres et celui de Lisbonne, relativement aux possessions portugaises d'Afrique, un immense cri de protestation s'est élevé, dans tout le royaume, contre le procédé injuste de l'Angleterre. Deux ministères ont déjà dû donner leur démission, sous la pression de l'opinion publique, pour avoir cédé aux injustes réclamations de l'Angleterre. Le Roi Dom Carlos a eu toutes les peines du monde à trouver un homme qui pût et voulût former un ministère, dans les conditions actuelles, et c'est après une crise de près d'un mois, pendant laquelle le Portugal a été livré à l'agitation des partis d'opposition, qu'un ministère a pu se former, ministère de conciliation, composé d'hommes appartenant aux deux grands partis politiques des régénérateurs et des progressistes et qui ont consenti à s'unir, pour faire face au péril commun.

La monarchie, un instant menacée, a été sauvée. Le péril est momentanément écarté. Je dis momentanément, car la question qui a provoqué cette explosion de patriotisme, en Portugal, est loin d'être tranchée. L'Angleterre a seulement accepté un « modus vivendi » provisoire, qui permettra de reprendre les négociations. Mais ces négociations réussiront-elles? Le nouveau traité qui va être conclu entre lord Salisbury et les plénipotentiaires portugais sera-t-il ratifié par la nation portugaise et par les Cortès, ou aura-t-il le sort du traité du 20 août dernier, qui a causé la chute du cabinet Serpa Pimentel? Voilà la question qui se pose.

Lorsque je suis arrivé à Lisbonne, j'ai trouvé une ville encore toute frémissante d'enthousiasme patriotique. La première émotion s'est un peu calmée, depuis que l'on sait en Portugal que le traité du 20 août, qui était considéré comme une honte nationale, a été annulé, du consentement même de l'Angleterre, et que des négociations vont commencer, en vue d'une nouvelle entente. Néanmoins l'inquiétude est partout, on se demande avec angoisse ce que sera ce nouveau traité, car les Portugais sont décidés à en arriver aux moyens extrêmes et désespérés, plutôt que d'accepter qu'un territoire qu'ils ont dûment acquis, au prix de leurs fatigues et de leur sang, leur soit arraché injustement.

Il y a quelque chose de beau dans cet élan national qui entraîne un peuple tout entier, depuis le plus humble sujet jusqu'au Roi lui-même, qui fait fraterniser les partis extrêmes et oublier les luttes intérieures, pour ne songer qu'au danger qui menace la patrie.

Je n'ai pu m'empêcher de ressentir un sentiment d'admiration devant le courage de ce brave petit peuple qui, se souvenant de l'époque glorieuse où ses flottes, guidées par les Fernando-Po, les Diaz, les Vasco de Gama, les Magellan, conquirent l'univers, n'a pas craint de tenir tête à la première puissance maritime du monde, et j'ai cru qu'il serait utile de faire l'historique du différend anglo-portugais, en le faisant précéder d'un rapide exposé sur les institutions et l'histoire politique du Portugal, pendant ces dernières années.

Et puis la France a un double intérêt, politique et commercial, qui doit l'engager à défendre, si ce n'est d'une façon efficace, tout au moins devant l'opinion publique, la cause du Portugal.

A la suite du conflit qui s'est produit entre l'Angleterre et le Portugal, les Portugais ont rompu toutes leurs relations commerciales avec les Anglais, qui, jusqu'ici, avaient accaparé presque entièrement le commerce portugais. Il importe donc que la France sache profiter de cette situation, pour créer un débouché des plus importants à ses produits.

La France a aussi un grand intérêt politique à se rapprocher du Portugal. Certes, par lui-même, le Portugal ne pèse pas pour beaucoup dans la balance des forces européennes. Jusqu'ici la haine profonde qui existait entre les Espagnols et les Portugais rendait vain tout espoir d'union, entre les deux peuples, en vue d'une coopération militaire. L'attitude de lord Salisbury a eu cela de bon qu'elle a rapproché les Portugais des Espagnols et aussi des Français, en brisant tous les liens qui les unissaient à l'Angleterre. La presse portugaise est unanime à faire appel à la protection de la France et de l'Espagne, et dans la plupart des manifestations qui viennent d'avoir lieu en Portugal, on promenait les drapeaux portugais mélangés aux drapeaux français et espagnols.

Dans un ouvrage politique, que j'ai publié à la fin de l'année 1886, j'écrivais ces lignes :

« La puissance militaire de l'Allemagne est considérable, mais le secret de sa force consiste surtout dans ses alliances. Seule, elle ne pourrait rien ; alliée à l'Autriche et à la Russie (1), elle dicte ses lois au monde entier. Et cependant si l'on recherchait la raison de ces alliances, si l'on examinait de près les liens qui unissent aujourd'hui les trois nations, on verrait qu'ils sont bien fragiles et qu'il suffirait de bien peu de chose pour les rompre. La Russie surtout qui se trouve unie à sa voisine, grâce à la profonde diplomatie du prince de Bismarck, se détachera forcément un jour d'une alliance qui est contraire à l'esprit de la nation. Pourquoi la France n'essayerait-elle pas de former une coalition des nations latines, (France, Espagne, Portugal, Italie,) coalition qui, unie à la Russie, arrêterait l'élan de la race germanique ? »

(1) La Russie faisait alors partie de la triple alliance, on sait qu'elle en est sortie depuis.

Déjà la Russie a refusé de renouveler la triple alliance et elle a donné à la France de nombreuses preuves de sympathie. L'Italie, il est vrai, s'est alliée à l'Allemagne, mais cela contre le gré du peuple italien, et par la seule volonté d'un ministre, qui ne pourra pas longtemps continuer à imposer, à son pays, une politique qui le mène à sa ruine. L'alliance avec l'Allemagne et le système du militarisme à outrance, qui en est la conséquence, ont déjà profondément appauvri l'Italie. Un jour viendra, proche peut-être, où les contribuables seront fatigués de payer les millions qui servent aux dépenses de l'armement et où la misère sera si grande, qu'elle provoquera un mouvement formidable contre le gouvernement. Ce jour-là l'alliance italo-allemande aura vécu. L'Espagne, malgré sa neutralité apparente, ne perd pas une occasion de montrer à la France que toutes ses tendances la portent vers elle. L'accueil fait, tout dernièrement, aux hommes de lettres français, qui se sont rendus en Espagne, est une preuve de plus des sentiments amicaux qui rattachent les Espagnols aux Français.

Quant aux Portugais, qui, jusqu'ici, paraissaient des adversaires irréconciliables des Espa-

gnols et des Français et qui, en parlant de l'Angleterre, ne l'appelaient que leur « fidèle alliée », ils peuvent être entièrement acquis à la France, si elle sait profiter de la faute commise par le gouvernement anglais.

Cette idée d'une alliance des nations latines, unies à la Russie, qui pouvait paraître irréalisable il y a de cela quelques années, tend, on le voit aujourd'hui, à devenir de plus en plus vraisemblable. Une femme de grand talent et de beaucoup d'esprit, Mme de Rute-Rattazzi, que tout Paris connaît suffisamment pour qu'il soit inutile de faire son éloge ici, a fondé, depuis plusieurs années, à Paris, une Revue internationale des plus intéressantes, les « Matinées espagnoles », qui porte en sous-titre les noms suivants : Paris, Saint-Pétersbourg, Rome, Madrid, Lisbonne. D'autres publications analogues paraissent en Russie, en Espagne et en Italie. Le lien est encore faible, mais il peut devenir un jour puissant. Les alliances durables ne peuvent être que celles qui découlent d'une communauté de races et d'intérêts chez les peuples, et non celles qui sont conclues par la seule volonté d'un homme, fût-il ministre tout-puissant ou souverain.

Telles ont été les considérations auxquelles j'ai obéi, en prenant la plume pour plaider, la cause du Portugal. Je ne sais comment se tranchera la question qui est aujourd'hui pendante entre les cabinets de Londres et de Lisbonne, mais je souhaite, de tout cœur, que les Portugais sortent triomphants des dures épreuves auxquelles ils sont soumis et qu'ils en sortent, surtout, plus amis de la France.

RODOLPHE DE VÉZELAY.

Lisbonne, décembre 1890.

S. M. Dom Carlos Ier

Roi de Portugal

LE PORTUGAL POLITIQUE

CHAPITRE I

SOMMAIRE. — Le roi Dom Luiz et la reine Dona Maria Pia. — Le roi Dom Carlos et la reine Dona Amelia. — La Cour. — La noblesse. — Le peuple.

Le 19 octobre 1889, Dom Luiz Ier, Roi de Portugal, mourut, laissant la couronne à son fils aîné, Dom Carlos. Dom Luiz fut universellement regretté par ses sujets. Pendant son règne de dix-huit ans, il s'était attiré la sympathie et l'affection de tous, par sa bonté et la sagesse avec laquelle il avait surmonté les obstacles rencontrés sur son chemin. Les premières années du règne de Dom Luiz avaient été fertiles en difficultés, pour lui et pour son peuple. Il s'en était tiré par son habilité et sa modération et aussi grâce aux conseils d'Antonio Fontès, qui fut un des plus grands ministres du Portugal.

Dom Luiz s'amusait rarement. Il était d'un caractère mélancolique. Artiste, musicien et écrivain lorsque ses loisirs le lui permettaient, le Roi a laissé plusieurs ouvrages, parmi lesquels une traduction d'*Hamlet*, dont lui-même semblait personnifier les tristesses et les rêveries.

D'après toutes les prévisions, Dom Luiz ne devait pas régner. Il n'arriva au trône que par la mort de son frère aîné, Dom Pedro V. La couronne ne réalisa aucun de ses rêves, ce qui ne l'empêcha pas de s'acquitter de tous ses devoirs de souverain constitutionnel et de donner, à la nation, la tranquillité dont elle avait besoin, après le règne troublé de Jean VI et les conspirations de Dom Miguel, qui joua, en Portugal, un rôle analogue à celui de Don Carlos en Espagne.

Petit de taille, un peu gros, comme la plupart des princes de la maison de Bragance, Dom Luiz portait toujours l'uniforme d'amiral. L'air imposant que lui donnait son costume, chamarré de plaques et de croix, était atténué par sa bonne grâce et l'expression excessivement douce de ses yeux bleus, des yeux de penseur et de poète.

La Reine, Dona Maria Pia, mère du Roi actuel, avait un caractère entièrement opposé à celui de Dom Luiz. Fille de Victor-Emmanuel, elle était volontaire, comme la plupart des princesses de la maison de Savoie. On cite d'elle un trait qui montre l'énergie de son caractère.

En 1870, le maréchal de Saldanha, un des hommes les plus populaires de l'armée, fit un coup d'État. Ayant pour lui la garnison de Lisbonne, sûr que le reste de l'armée le suivrait, le maréchal entoura, pendant la nuit, avec ses troupes, le palais royal, puis, s'étant rendu auprès du Roi, il lui dit que la nation ne voulait plus du ministère actuel et il demanda, à Dom Luiz, de lui confier la mission de former un nouveau cabinet. Le Roi comprit qu'il n'y avait qu'à s'exécuter. Il fit donc bonne mine à mauvais jeu et se rendit au désir du maréchal.

Saldanha se piquait de connaître à fond les règles de la galanterie. Avant de quitter le palais, il demanda à présenter ses hommages à la Reine. Il était quatre heures du matin. Néanmoins Maria Pia, qui veillait, donna l'ordre qu'on introduisit auprès d'elle le maréchal. Lorsque Saldanha se présenta devant la Reine et voulut lui expliquer sa conduite, comme il l'avait fait au Roi, celle-ci l'arrêta net, et, le regardant bien en face :

« Monsieur le maréchal, dit-elle, si j'étais le maître, demain je vous ferais fusiller en place publique. »

La Reine était observatrice sévère des règles de l'étiquette et elle avait vraiment l'air royal et imposant, dans les cérémonies de gala, quand elle portait le grand manteau de Cour, attaché à l'épaule. Le train ordinaire de la Cour était assez modeste, la liste civile du Roi, qui n'était pas déjà fort élevée, ayant encore été réduite, sur la proposition même de Dom Luiz. L'ancien luxe et les folles dépenses du règne de Jean V avaient été supprimés. Les charges de la Cour, considérablement diminuées, étaient celles de grand maître de la Cour, de grand aumônier, de grand écuyer, de premier aide de camp du Roi, de grand maître des cérémonies, de capitaine des gardes, de grand chambellan et de gouverneur des princes, de grande maîtresse et de dames du palais.

La petite livrée de tous les jours était des plus simples, mais, lorsqu'il y avait gala, on tirait de leurs remises les anciens carrosses du dix-huitième siècle, dorés, massifs, et d'une grande magnificence, qui évoquaient la splendeur des temps passés, et l'on revêtait la valetaille de la grande livrée, qui consistait encore dans un costume du dix-huitième siècle, habit rouge à la française, galonné de jaune, culotte courte, bas de soie blancs, souliers à boucles, tricorne et l'épée suspendue à un large baudrier.

Comme le budget de la Cour ne permettait pas d'entretenir, pendant toute l'année, le personnel nécessaire aux grands jours de gala, on avait recours à un système assez original. La veille des jours de grande cérémonie, deux laquais, vêtus du costume cité plus haut et armés, l'un d'un tambour, l'autre d'un fifre, parcouraient les rues de la ville, s'arrêtant sur les places et aux carrefours, pour jouer de leurs instruments. C'était une façon d'avertir ceux qui étaient engagés, moyennant une modique rétribution, à remplir un rôle dans la cérémonie de gala, d'avoir à se rendre, dès le lendemain matin, au palais, pour y recevoir les costumes avec lesquels ils devaient figurer à la parade.

Cette coutume peut paraître étrange au premier abord, mais, comme le Roi aurait pu facilement s'y soustraire, en entretenant toute l'année un personnel inutile et coûteux, et qu'il n'aurait eu, pour cela, qu'à faire payer quelques millions de plus aux contribuables, on ne peut que louer un usage qui permettait, tout en respectant les traditions glorieuses du passé, de ne pas surcharger le budget du royaume.

Depuis le nouveau règne de Dom Carlos, et grâce surtout à l'influence de la Reine Amélie, ces coutumes tendent peu à peu à disparaître et les réminiscences du passé se font de plus en plus rares. Le Roi actuel a hérité des qualités de son père. C'est un prince artiste, d'un caractère très ouvert et très personnel. Il possède une instruction des plus solides, ainsi qu'un goût très prononcé pour les sciences, et joint, de plus, à ces qualités, celle d'être un prince ami des arts et artiste lui-même. Blond, fort joli garçon, on retrouve dans ses traits l'expression un peu fière de sa mère, jointe à la douceur sympathique de son père.

En montant sur le trône, Dom Carlos décréta un deuil de trois mois, dans tout le royaume, et adressa la proclamation suivante au peuple portugais :

« Dieu a voulu mettre un terme prématuré à la vie du Roi Luiz, mon bien-aimé père, après un règne de dix-huit ans, qui restera dans l'histoire du pays comme une période de paix, de tolérance, de liberté, de fécondes transformations, de grand développement moral et économique.

« Conformément aux institutions politiques de la monarchie, je suis appelé à présider aux destinées du royaume. Pour bien remplir mes devoirs, je puiserai des forces dans le souvenir du souverain décédé et dans la vénération avec laquelle le peuple portugais conserve sa mémoire, en s'associant à la douleur qui accable la famille royale.

« Je serai fidèle aux institutions politiques du royaume. Je m'efforcerai constamment d'accroître la grandeur et la prospérité de la patrie, en cherchant à mériter ainsi l'affection du peuple.

« Je suivrai l'exemple du Roi mon père, en observant avec empressement la loi fondamentale de la monarchie.

« Je jure de maintenir la religion catholique, apostolique et romaine et l'intégrité du royaume, d'observer et de faire observer la Constitution politique de la nation portugaise et les lois du royaume et de travailler au bien général du pays.

« Je promets de ratifier bientôt ce serment devant les Cortès. »

La Reine Amélie est, comme on le sait, fille aînée de M. le Comte de Paris. Bien qu'elle soit née en exil, son enfance et sa jeunesse se sont écoulées en France. La Reine a donc un double titre à notre sympathie, comme Française et comme souveraine d'une nation amie. La Reine Amélie, âgée aujourd'hui de vingt-cinq ans, s'est mariée en 1886.

Dom Carlos n'était alors que duc de Bragance. Aujourd'hui, le petit duc de Bragance, rose et blond comme son père, a déjà trois ans.

Au temps où elle n'était encore que duchesse de Bragance, la Reine Amélie avait déjà séduit le peuple portugais et la Cour. Depuis, elle a su accroître les sympathies qu'elle avait inspirées, en donnant de nombreuses preuves de sa bonté. Si, comme son aïeule la Reine Amélie, fille de Ferdinand IV, Roi de Naples, elle n'a pas été appelée à jouer jusqu'ici un rôle politique, du moins elle a sû garder pour elle le département de la charité, en soulageant les misères et les infortunes, avec une simplicité qui lui a gagné tous les cœurs.

La Cour se déplace tous les ans, en villégiature, au château de la Penha.

Le palais de la Penha, situé à Cintra, à peu de distance de Lisbonne, est construit sur une hauteur, au pied de laquelle de hauts arbres forment une mer verdoyante. Aucun plan nettement déterminé n'a présidé à la construction de cet édifice monumental, auquel chaque époque a ajouté quelques embellissements. Le style arabe y domine, bien que beaucoup de parties, comme le pont-levis, la grande porte et les créneaux, y soient construites dans le goût de la Renaissance.

Le Roi et la Reine y mènent une existence très mouvementée. Dom Carlos aime beaucoup les sports de tout genre et surtout la chasse. Le train de la Cour est des plus simples. Lorsque le jeune souverain se rend à la gare de Cintra, pour aller à Lisbonne, « faire son métier de Roi, » comme il dit plaisamment; quand il va visiter l'école d'infanterie de Mafra, qu'il a créée lui-même et à laquelle il s'intéresse tout particulièrement, ou quand il rentre d'une excursion fluviale, sur son yacht de plaisance, *Amelia*, la mise en scène est des plus modestes. C'est à peine si on se douterait, en voyant stationner sur la route une victoria, traînée par quatre mules que conduisent des postillons à la livrée de Bragance, que cet attelage appartient au Roi.

La Reine, qui ne se résout qu'avec peine à observer les règles sévères de l'étiquette, se plaît beaucoup dans son palais de la Penha. Elle accompagne souvent le Roi dans ses excursions, ou fait de longues promenades, dans son panier attelé de deux poneys et qu'elle conduit elle-même.

La ville de Cintra est devenue le rendez-vous de l'aristocratie portugaise, pendant le séjour du couple royal, qui y demeure le plus longtemps possible. En hiver, la Cour habite le château de Belem ou celui d'Ajuda. Mais Dona Amélia n'aime pas beaucoup l'immense château d'Ajuda, réservé plutôt comme une espèce de théâtre aux réceptions de gala et aux cérémonies officielles de la Cour. En ce moment, par ordre de la Reine, on transforme complètement le jardin de Belem, qui sera refait sur les plans du parc Monceau, et on ajoute au palais un bâtiment considérable, qui est destiné à contenir les appartements des jeunes Princes.

La noblesse est nombreuse en Portugal. Elle comprend, d'après M. Vogel, les trois classes suivantes.

La grandesse, à laquelle participent, sous le régime actuel, tous les hauts prélats, c'est-à-dire le patriarche, les archevêques et les évêques, à l'exception de ceux des colonies; les ducs, leurs fils qui sont marquis et leurs filles; les marquis de leur propre chef et les comtes, les vicomtes, barons et simples gentilshommes auxquels elle a été conférée et tous les pairs du royaume.

La noblesse titrée intermédiaire (titulares), comprenant les vicomtes et les barons non investis de la grandesse.

La simple noblesse des *Fidalgos da casa real* ou gentilshommes de la maison du Roi, partagés en deux catégories, dont chacune comporte une subdivision en trois grades, qui sont ceux de *Moco* (gentilhomme de service), de *cavalleiro* (chevalier) et d'*escudeiro* (écuyer), et qui se distinguent aussi, dans le costume de Cour ou de cérémonie, par la couleur des uniformes dont l'usage du pays leur a fait un attribut caractéristique.

Outre cela, il y a encore la noblesse personnelle et viagère, qui est accordée à ceux qui ont rempli certaines fonctions ou qui ont obtenu un des ordres du royaume.

Le peuple portugais est gai, hospitalier pour les étrangers et, en général, fort doux, quand on n'atteint pas trop ses cordes sensibles, comme cela est arrivé dernièrement. Une des grandes qualités du peuple, c'est la patience. Il faut l'exciter longtemps pour le faire sortir de son bon naturel. Quand on cherche à lui faire croire que le gouvernement commet des abus et qu'il faudrait essayer de les réprimer, il se contente de répondre : « *Tenha patiencia!* » (1). Si on lui propose de prendre une résolution, de se rebeller contre un acte arbitraire, il répond généralement : « *A manhà!* » (2). Il ne faut pas croire cependant que les Portugais soient inconscients et fatalistes comme les musulmans. Ils sont plutôt paresseux, nonchalants, comme la plupart des peuples du Midi; mais,

(1) Ayez patience.
(2) Demain.

quand ils se décident à se soulever, leur réveil est d'autant plus terrible qu'il a été plus tardif.

Jusqu'à tout dernièrement, les Portugais entretenaient les relations les plus amicales avec les Anglais. Ils nourrissaient au contraire une haine séculaire contre les Espagnols, depuis qu'ils avaient été soumis au joug de l'Espagne. Mme Rattazzi, qui a de l'esprit à en revendre et qui ne manque pas une occasion de glisser quelque trait piquant dans ses livres, avec la finesse et l'humour qui la caractérisent, raconte, en parlant du Portugal, une anecdote qui donne une idée du peu de sympathie que les Portugais éprouvaient jusqu'ici pour les Espagnols.

Un jour, un Portugais et un Espagnol se rencontrèrent sur un pont étroit, qui reliait les deux rives d'une eau profonde. Le Portugais tombe à l'eau. Ne sachant pas nager, il va droit au fond, puis revient à la surface; en se débattant et avant de disparaître pour la dernière fois, il aperçoit l'Espagnol, fort tranquillement appuyé sur la rampe du pont et qui le regardait se noyer, d'un œil impassible, sans la moindre idée d'aller à son secours. A cette vue le Portugais arrive au dernier degré de la rage, et dans un suprême effort, montrant le poing à l'Espagnol, il lui crie: « Tire-moi de là, canaille d'Espagnol, et je te fais grâce de la vie. »

Aujourd'hui les choses sont bien changées. Le Portugais a juré haine à l'Angleterre et, comme il sent qu'en perdant son ancienne alliée il a besoin d'être soutenu, il se tourne vers l'Espagne et vers la France. Dans les récentes manifestations qui ont eu lieu en Portugal, on promenait partout des drapeaux portugais, espagnols et français.

Il y a, en Portugal, un grand nombre de fêtes qui attirent un grand concours de populaire. Une des principales est celle qui a lieu le 1er décembre de chaque année, en souvenir du 1er décembre 1640, date à laquelle le Portugal, après avoir été soumis pendant soixante ans à la domination de l'Espagne, reconquit son indépendance. Ce jour-là, dès le matin, le canon tonne. La ville de Lisbonne se pare de drapeaux et de guirlandes et des réjouissances de toutes sortes ont lieu. Le soir on tire des feux d'artifice et il y a, au théâtre, représentation de gala, à laquelle assiste toute la Cour.

Le Portugais est poli à l'excès. Il vous prodigue le titre d'excellence: *Vossa Excellencia*, et se déclare à tout propos votre serviteur dévoué, *seu obediente criado*. Il ne manque pas d'esprit et d'à-propos, comme on va le voir par le trait suivant que m'a raconté un Parisien, bien connu dans le monde des lettres.

Je me promenais un jour en voiture, m'a-t-il dit, à Lisbonne. Rentré à l'hôtel, je payai le cocher et lui donnai deux sous de pourboire. Il me remercia poliment et s'éloigna. J'étais rentré chez moi, lorsque au bout de quelques moments j'entendis frapper à ma porte et je vis entrer mon cocher. Il avait sa casquette pleine de gros sous et, à ma grande stupéfaction, il la vida devant moi sur la table, en me disant en assez bon français : « J'ai pensé que Votre Excellence était dans la gêne et je lui ai apporté le produit d'une quête que j'ai faite parmi mes camarades. »

La langue française est fort répandue à Lisbonne, non seulement dans les hautes classes de la société, où on la parle avec une grande pureté, mais aussi dans les classes moyennes et parmi le peuple. Les ouvrages français sont très lus au Portugal. Un homme d'État portugais disait dernièrement : « Nous pensons avec le cerveau de la France. »

Le peuple est fort croyant et les cérémonies religieuses attirent une foule énorme à Lisbonne. J'ai pu assister à une de ces fêtes qui a été célébrée avec un cérémonial tout particulier.

Le Roi lui-même prenait part à la procession. Il marchait sous un dais et portait l'uniforme de général en chef de l'armée. L'infant Dom Alfonso, son frère, connétable du royaume, faisait partie du cortège, où on lui rendait les honneurs réservés aux princes du sang. A la suite marchaient les représentants de la maison militaire du Roi et les hauts dignitaires du royaume, tout chamarrés d'or et la poitrine constellée de décorations. Puis venait le patriarche, suivi lui-même d'une armée de prêtres et de clercs, couverts des vêtements les plus riches en brocart d'or.

La Reine, entourée de ses dames d'honneur, avait pris place dans une tribune, recouverte de velours cramoisi et qui se trouvait à l'extérieur de la cathédrale, près de la porte d'entrée, de façon à voir défiler devant elle tout le cortège.

Ce spectacle était réellement imposant et, en voyant la foule énorme et recueillie qui stationnait sur le parcours du cortège royal, se pressant pour mieux voir, je compris que la monarchie jouit encore d'un grand prestige aux yeux du peuple portugais, qui n'a pas oublié qu'il lui a dû pendant de longs siècles sa grandeur et sa puissance.

CHAPITRE II

SOMMAIRE. — Institutions et histoire politique du Portugal pendant ces dernières années. — Les partis politiques. — La presse.

La Charte constitutionnelle, octroyée par le Roi Dom Pedro IV, le 29 avril 1826, est actuellement la loi fondamentale de la nation portugaise.

Cette Charte a été complétée par l'acte additionnel du 5 juillet 1852, discuté par les deux Chambres et sanctionné par la Reine Dona Maria II. Elle a été revisée également en 1884, sous le règne du Roi Dom Luiz Ier, et sous le ministère d'Antonio Fontès.

La forme de gouvernement, en Portugal, est, on le sait, la monarchie représentative et héréditaire. C'est la dynastie de Bragance qui occupe le trône depuis 1640, époque à laquelle le Portugal secoua le joug des Espagnols, qu'il avait supporté pendant soixante ans, et reconquit son indépendance.

La Charte reconnaît quatre pouvoirs indépendants : le législatif, le modérateur, l'exécutif et le judiciaire. Nous allons tâcher de la résumer dans ses principales dispositions.

Le pouvoir législatif est exercé par les Chambres ou Cortès, et par la sanction du Roi. Le corps législatif est composé de deux Chambres : la Chambre élective ou des députés, et celle des pairs ou Chambre héréditaire. Les Chambres font les lois, les interprètent, les révoquent ou en suspendent l'exécution. C'est devant les deux Chambres réunies que le Roi prête serment de fidélité à la Constitution. Ce sont encore les Chambres qui, le cas échéant, élisent le Régent ou la Régence et fixent les limites de son autorité.

Le président et le vice-président de la Chambre des pairs sont nommés par le Roi. La Chambre des députés élit une liste de cinq membres qui est présentée au Roi et parmi lesquels il choisit et nomme le président. D'après la Charte de 1826 et l'acte additionnel de 1852, le Roi nommait à vie les membres de la Chambre des pairs, dont le nombre n'était pas fixe. Pour faire partie de cette Chambre, il fallait répondre aux conditions résumées dernièrement par la loi de 1878. Cette loi stipulait que le Roi ne pouvait nommer membre de la Chambre des pairs que ceux qui occupaient, ou avaient occupé, les plus hautes fonctions de l'État, les propriétaires ou capitalistes possédant un revenu de 800,000 reis (4,400 fr.), et les industriels ou commerçants ayant payé 1,400,000 reis (7,700 fr.) de contributions. Une exception était faite, cependant, en faveur de ceux qui avaient rendu des services extraordinaires à la patrie.

Les membres de la Chambre des pairs étaient nommés à vie et leur dignité se transmettait aux descendants légitimes, en ligne droite, comme droit d'aînesse, *in infinitum* et à l'exclusion des lignes collatérales. Lorsque l'aîné des descendants n'était pas un enfant mâle, c'était le plus âgé des fils qui héritait du titre de pair. Il fallait, pour être admis à la Chambre des pairs, avoir trente ans au moins, présenter un certificat de bonne conduite délivré par trois pairs, posséder un diplôme d'instruction supérieure et remplir les conditions de cens et de catégorie exigées par la loi. Le prince royal et ses frères avaient le droit de siéger à vingt-cinq ans. Les archevêques et les évêques étaient pairs de droit.

Lorsqu'il fallait nommer une régence, c'était la Chambre des pairs qui convoquait le Corps législatif. Elle s'érigeait en tribunal pour juger les crimes commis par les membres de la famille royale, ainsi que par les ministres, les conseillers d'État, les pairs et les députés. Elle avait aussi le droit de connaître de la responsabilité des ministres et des conseillers d'État.

Depuis la revision de la Constitution, qui eut lieu en 1884, le nombre des pairs est fixé à 150, dont 100 nommés à vie par le Roi et 50 élus pour six ans. Le Roi a le droit de dissolution à l'égard des 50 pairs élus. Les autres dispositions de la Charte, relatives à la Chambre des pairs, ont été maintenues et sont encore en vigueur.

Les membres de la Chambre des députés étaient élus autrefois pour quatre ans. Depuis la revision de 1884 la durée de leur mandat a été réduite à trois ans.

Les sessions législatives commencent le 2 janvier de chaque année et durent ordinairement trois mois, à moins que le nombre et l'importance des travaux n'exigent une prolongation. Les sessions de la Chambre des pairs commencent et finissent en même temps que celles de la Chambre des députés.

Les membres de la Chambre des députés étaient, sous l'empire de la Charte, au nombre de 108, dont 92 pour la partie continentale du royaume. Depuis, le nombre des députés a été augmenté et il s'élève actuellement à 171. Il convient de mentionner ici la loi votée par les Cortès, qui accorde le droit de représentation des minorités dans les chefs-lieux des départements et l'élection par accumulation des votes obtenus dans l'ensemble des circonscriptions électorales.

Il faut pour être éligible, d'après la loi de 1852, qui a modifié sur ce point la Charte constitutionnelle, payer 4,000 reis (22 fr. 20 cent.) de contributions directes ou 20,000 reis (111 fr.) de contribution foncière, portant sur des propriétés louées ou affermées. Sont dispensés toutefois de cette condition les officiers de l'armée de terre ou de mer, les prêtres, les bacheliers et tous ceux qui ont un cours complet d'instruction supérieure. On compte à peu près 95,000 éligibles.

D'après la Charte, tous les citoyens qui avaient un revenu de 100,000 reis au moins (555 fr.) ou qui, à défaut de ce revenu, possédaient un cours complet d'instruction supérieure ou secondaire étaient électeurs. Aujourd'hui les conditions exigées pour être électeur sont encore moins rigoureuses, et le nombre des électeurs, pour le royaume et les colonies, est d'environ 450,000.

La Chambre des députés a seule le droit de mettre en accusation les ministres et les conseillers d'État. Les députés qui acceptent du Gouvernement des distinctions honorifiques ou des emplois rétribués, perdent leur qualité, mais ils peuvent être réélus.

L'initiative des projets appartient aussi bien au Gouvernement qu'à chaque membre des deux Chambres. La Chambre où un projet a été présenté, le discute en premier lieu, puis le projet est soumis à la discussion et à l'approbation de l'autre Chambre.

Au cas où les deux Chambres ne sont pas d'accord sur un projet de loi, ou si l'une d'elles apporte à ce projet des modifications qui ne sont pas admises par l'autre, le projet est soumis à une commission mixte, composée de membres de la Chambre des pairs et de la Chambre des députés, en nombre égal, et le vote de cette commission sert de base à un nouveau projet de loi. Le Roi peut refuser de sanctionner un projet de loi voté par les Cortès et qui lui est présenté, mais il est tenu de faire connaître sa décision dans les trente jours qui suivent la présentation.

Le pouvoir modérateur est exercé exclusivement par le Roi. C'est à Benjamin Constant qu'a été empruntée l'idée de ce pouvoir, qui fait du chef de l'État le médiateur entre les diverses parties de la nation. Le Roi convoque les Chambres extraordinairement, lorsque les circonstances le réclament. Il a aussi le droit de prolonger les sessions ordinaires, de les suspendre et même de dissoudre les Chambres. Il peut nommer ses ministres ou leur retirer la direction des affaires et suspendre de leurs fonctions les magistrats, après consultation préalable du Conseil d'État. Il a le droit de grâce et d'amnistie.

Le Roi est investi du pouvoir exécutif, tout en restant irresponsable et inviolable; seuls les ministres ont la responsabilité des actes émanés de ce pouvoir. La direction des affaires est répartie entre sept ministères : l'intérieur et l'instruction publique; les affaires étrangères; les finances; la justice; la guerre; la marine et les colonies; les travaux publics, le commerce et l'industrie.

Le Conseil d'État est une assemblée de douze membres, qui doit donner son avis sur toutes les questions graves intéressant l'État, telles que les mesures d'administration publique, les déclarations de guerre, les négociations avec les puissances étrangères et les actes du pouvoir modérateur. Le Conseil est présidé par le Roi. Les membres qui le composent sont responsables de leurs actes. Le prince héritier fait de droit partie du Conseil dès qu'il a atteint l'âge de dix-huit ans. En dehors des douze conseillers effectifs, nommés à vie, il y a douze conseillers extraordinaires et des auditeurs. Le Conseil d'État se divise en deux sections et en quatre comités; les comités sont présidés par les ministres, qui peuvent les charger d'étudier et de préparer des projets de lois.

Le pouvoir judiciaire est exercé par des juges et des jurés. Ceux-ci se prononcent sur les faits, et les juges font l'application de la loi. Les juges sont nommés à vie. Ce n'est que par une sentence judiciaire qu'ils peuvent être destitués. Il y a, en Portugal, des tribunaux de première instance, des cours d'appel et une cour suprême, dont les attributions sont analogues à celles de la Cour de cassation en France.

Les lois portugaises sont des plus libérales en ce qui concerne les droits civils et politiques des citoyens. Tous les citoyens, sans considération de naissance, peuvent remplir les emplois civils, politiques ou militaires. La liberté de réunion et la liberté de la presse sont absolument respectées, ainsi que la liberté des cultes. La liberté de la presse est telle, que les journaux emploient souvent, non seulement vis-à-vis du Gouvernement, mais même vis-à-vis du Roi, les termes les plus violents sans être inquiétés. La peine de mort pour crimes politiques est abolie.

Telles sont, esquissées à grands traits, les institutions politiques du Portugal. Ces institutions, dont la plupart ont été calquées sur celles des grands États européens, sont, on le voit, absolument libérales.

Les principaux partis politiques, en Portugal, sont les progressistes ou libéraux et les régénérateurs ou conservateurs; puis viennent les Miguelistes ou légitimistes de droit divin et les républicains.

C'est en 1855 que le vieux parti libéral se divisa, pour donner naissance aux progressistes et aux régénérateurs. A cette époque, les progressistes occupèrent le pouvoir, ayant pour chef le duc de Loulé, dont le ministère dura de 1856 à 1859. A la chute du duc de Loulé, ce fut le duc de Terceira qui fut chargé de former un cabinet régénérateur. Terceira étant mort la même année, fut remplacé par un autre membre du parti régénérateur, Joaquim-Antonio d'Aguiar.

Le cabinet régénérateur tomba le 4 juillet 1860, et ce fut encore le duc de Loulé, chef des progressistes, qui vint au pouvoir, où il resta jusqu'au 17 avril 1865. Une partie des progressistes dits *à l'ongle noir* abandonna alors le duc de Loulé et, sous les ordres de Lobo d'Avilla, fusionna avec les régénérateurs. Le duc de Loulé, n'ayant plus autour de lui que les progressistes dits *à l'ongle blanc*, dut se retirer, et ce fut le parti régénérateur, joint à la fraction des progressistes *à l'ongle noir*, qui occupa le pouvoir sous Joaquim-Antonio d'Aguiar.

En 1868 se déclara la situation dite *janeirinha*, présidée par le comte d'Avila et remplacée au mois de juillet de la même année par le cabinet réformiste de Sá da Bandeira, qui dura fort peu. Au mois d'août 1868, le duc de Loulé forma un cabinet progressiste, dans lequel se trouvaient Braamcamp et Luciano de Castro et qui dura jusqu'au 19 mai 1870, époque à laquelle le maréchal de Saldanha, soutenu par Sampaio et d'autres régénérateurs, arriva au pouvoir par un coup d'État.

La période assez trouble que traversa alors le Portugal, et pendant laquelle plusieurs cabinets se succédèrent, se termina, le 13 septembre 1871, par la rentrée aux affaires des régénérateurs, dont le chef, Antonio Fontès, forma un cabinet qui dura jusqu'au 5 mars 1877.

Antonio Fontès Pereira de Mello est une des plus grandes figures politiques du Portugal en ce siècle. Il a été huit fois ministre, et président du Conseil pendant sept ans. Orateur de premier ordre et possédant toutes les qualités de l'homme d'État, Fontès fit faire à son pays un grand pas dans la voie du progrès. Il construisit un grand nombre de chemins de fer, introduisit en Portugal le Code pénal et le Code civil, abolit la peine de mort, rétablit les finances du royaume, fit voter la loi électorale et la loi sur la presse la plus libérale de l'Europe.

Le 1er juin 1879, Fontès se retira du pouvoir, bien qu'il eût la majorité dans le Parlement, et céda la place aux progressistes. Le duc de Loulé était mort. M. Braamcamp, qui l'avait remplacé à la tête des progressistes, forma le cabinet.

Le ministère Braamcamp eut de grosses difficultés à surmonter à son arrivée au pouvoir. Il dut recourir à un emprunt de 75 millions et créa un impôt nouveau sur le revenu, pour faire face aux besoins financiers du royaume. Ces mesures commencèrent à le rendre impopulaire. Sur ces entrefaites, le Gouvernement portugais conclut avec l'Angleterre le traité de Lourenço-Marquèz, signé le 30 mai 1879 et complété par l'acte additionnel du 31 décembre 1880. L'Angleterre avait obtenu le droit de faire traverser les territoires portugais par ses troupes et de faire visiter, par ses douaniers, toutes les marchandises importées à destination du Transwaal.

Le ministère réussit à faire voter le traité par la Chambre des députés, mais la minorité se retira en masse et des manifestations eurent lieu à Lisbonne. Peu de temps après, la Chambre des pairs, composée en majorité de régénérateurs, refusa de voter le traité de Lourenço-Marquèz, et le ministère Braamcamp démissionna le 23 mars, pour faire place à un cabinet présidé par M. Sampaio et chargé de faire les élections.

Les élections, qui eurent lieu peu de temps après, furent un véritable triomphe pour les régénérateurs. Les progressistes n'eurent que six sièges à la Chambre et M. Braamcamp lui-même ne fut pas réélu. Quelques semaines après, le 14 novembre, Fontès revenait au pouvoir et gouvernait pendant deux ans.

Vers la fin de l'année 1883, un désaccord s'étant produit au sein du cabinet, Fontès donna sa démission au Roi, qui le chargea aussitôt de reformer le cabinet. Cette sortie permit à Fontès d'éliminer du cabinet quelques membres qui n'approuvaient pas sa politique. Dès lors, libre de ses actes, le Président du Conseil résolut de proposer aux Chambres la revision de la Constitution. Le projet rencontra de vives résistances, même au sein du parti régénérateur, car, parmi les réformes projetées, il s'agissait de réorganiser la Chambre de pairs, qui était composée en majorité des membres de ce parti. Les Chambres finirent cependant par voter les projets présentés par le cabinet.

Nous avons rendu compte des principales modifications apportées à la Constitution par la revision de 1884. Réduction de la Chambre des pairs à 150 membres, dont cinquante sont élus pour six ans. Droit de dissolution accordé au souverain sur ces cinquante pairs. Réduction de la durée du mandat de député de quatre à trois ans. Interdiction formelle du mandat impératif. Dispositions nouvelles pour la garantie du droit de réunion et de pétition. Impossibilité de poser la question de revision avant une période nouvelle de quatre ans. Tels sont les points de la Constitution qui furent revisés.

Cependant, l'opposition gagnait du terrain en exploitant habilement la situation financière du royaume et en attaquant les projets de lois destinés à créer de nouveaux impôts. Fontès fut obligé de se retirer des affaires, et le Roi confia le soin de former un cabinet à M. Luciano y Castro, qui, depuis la mort de Braamcamp, était devenu le chef du parti progressiste.

Le ministère, en arrivant au pouvoir, s'engagea à ne pas créer de nouveaux impôts, avant d'avoir réalisé toutes les économies possibles. A cette époque eut lieu le mariage de l'héritier présomptif du trône, le duc de Bragance, avec la princesse Amélie d'Orléans, fille aînée de M. le Comte de Paris. Aussitôt après la célébration de ce mariage, le Roi Dom Luiz quitta Lisbonne pour faire un voyage à l'étranger, et laissa la Régence à son fils.

Pendant l'absence du Roi, le ministère édicta, par voie de décrets, sauf à demander l'approbation ultérieure des Cortès, plusieurs réformes de la plus haute importance. Il promulgua un nouveau code administratif qui réorganisa la Cour des comptes et modifia la situation des employés et des tribunaux administratifs, en les mettant à l'abri des pressions locales. Le régime des pensions, l'organisation judiciaire et l'instruction secondaire furent aussi modifiés. L'impôt du sel fut supprimé.

Aux élections municipales, qui eurent lieu peu de temps après, le ministère eut une très forte majorité. Le 4 janvier, la Chambre des députés devait élire un président. Son choix s'étant porté sur un membre de l'opposition, le président du conseil obtint du Roi la dissolution des Cortès et fixa les élections pour le 6 mars 1887.

Sur 164 députés élus, 123 furent gouvernementaux, 40 régénérateurs et légitimistes et 2 républicains. Bien que Lisbonne ait voté pour les progressistes, deux républicains furent élus en vertu du droit de représentation des minorités. Un mois plus tard eurent lieu de nouvelles élections pour le renouvellement des cinquante pairs électifs et, là encore, le gouvernement eut un grand succès. Sur 45 pairs élus, 43 furent des progressistes.

Les principales lois votées sous le ministère des progressistes furent la nouvelle loi militaire, qui supprimait le remplacement, celle relative à la fabrication et à l'importation des tabacs, et la loi pour l'augmentation des droits de douane.

Le 19 octobre 1889, comme nous l'avons dit dans le chapitre précédent, le Roi Dom Luiz mourait et son fils aîné lui succédait sous le nom de Carlos I.

Le jeune Roi devait se trouver bientôt aux prises avec de graves difficultés. Au début de son règne, nous retrouvons les progressistes au pouvoir, avec M. Barros Gomez au ministère des affaires étrangères. Les régénérateurs sont dans l'opposition. Leur chef, le grand Fontès, est mort. Quelques-uns de ses partisans se sont séparés des autres et ont formé un groupe, sous la direction de M. Barjona de Freitas, le même que nous retrouverons plus tard comme ministre plénipotentiaire et envoyé extraordinaire à Londres, sous le cabinet Serpa Pimentel, au moment des négociations qui devaient aboutir à la conclusion du traité du 20 août 1890. Le gros du parti a reconnu comme chef M. Antonio de Serpa Pimentel, qui avait occupé successivement le portefeuille des travaux publics, dans le cabinet présidé par le duc de Terceira, en 1857, et ceux des finances et des affaires étrangères, sous le ministère Fontès.

Si nous n'avons guère parlé des légitimistes ou Miguelistes, c'est que leur parti n'a plus aujourd'hui d'importance. Ils rêvent le retour à une monarchie de droit divin, avec toutes ses prérogatives et ses vieilles traditions. Mais chaque jour la mort fait une nouvelle brèche dans leurs rangs. Les vieux s'en vont et les jeunes se rallient en grand nombre au régime constitutionnel. C'est à peine s'ils comptent quelques représentants aux Chambres. Ils ont bien encore quelques journaux, *A Naçao, A Palavra*, mais ils sont fort peu lus. Les Miguelistes sont en Portugal ce que sont, en France, les blancs d'Espagne.

Quant au parti républicain, il ne comptait pas dans les Chambres plus de représentants que les Miguelistes, mais il s'est fortifié depuis les derniers troubles qui ont eu lieu en Portugal, à la suite du conflit avec l'Angleterre. Ce parti ne date que de 1870. Il compte dans ses rangs beaucoup d'hommes de talent, tels que MM. Latino Coelho, Manuel d'Arriaga, Magalhaès Lima, directeur du journal *O Seculo*, qui tire à 50,000 exemplaires, quantité énorme pour un pays comme le Portugal, où les principaux journaux ont un tirage de cinq à six mille exemplaires. *O Seculo* paraît le matin. Les autres journaux républicains paraissent le soir. Ce sont *La Folha do Povo*, *Os Debates* et *A Patria*, organe de la jeunesse académique.

En somme, les deux grands partis, en Portugal, ceux qui se sont partagé le pouvoir, comme on a pu le voir depuis une trentaine d'années, et qui représentent la grande majorité de la nation, sont le parti progressiste et le parti régénérateur. Les régénérateurs sont les conservateurs, et les progressistes sont les libéraux. Mais il ne faut pas prendre à la lettre cette définition. Ce n'est guère la diversité de principes politiques qui sépare les deux partis, et les noms de régénérateurs et de progressistes sont plutôt des étiquettes. Il n'y a pas entre eux d'obstacle infranchissable. Tous deux acceptent la Constitution, et l'ancien chef des régénérateurs, Fontès, avait souvent donné de telles preuves de libéralisme, dans ses paroles et dans ses actes, que, s'il avait vécu, il aurait peut-être pu amener une fusion entre les deux partis. Cela n'empêche pas les progressistes et les régénérateurs de se faire la guerre, selon que les uns ou les autres sont au pouvoir.

Le meilleur journal des progressistes est *O Dia*, dirigé par un homme de grand talent, Antonio Ennès, qui a quitté la littérature pour entrer dans la politique et que nous retrouverons plus tard dans le cabinet de Abreu e Souza; puis viennent *As Novidades, O Tempo, O Diario Popular, O correio da noite*, qui mènent campagne contre les régénérateurs.

Les principaux journaux qui soutiennent les régénérateurs sont : *O correio da manha*, dirigé par M. Pinheiro Chagas et qui est incontestablement le mieux fait, puis le *Diario illustrado* et la *Gazette de Portugal*.

CARTE

DES

POSSESSIONS PORTUGAISES

DE MOZAMBIQUE

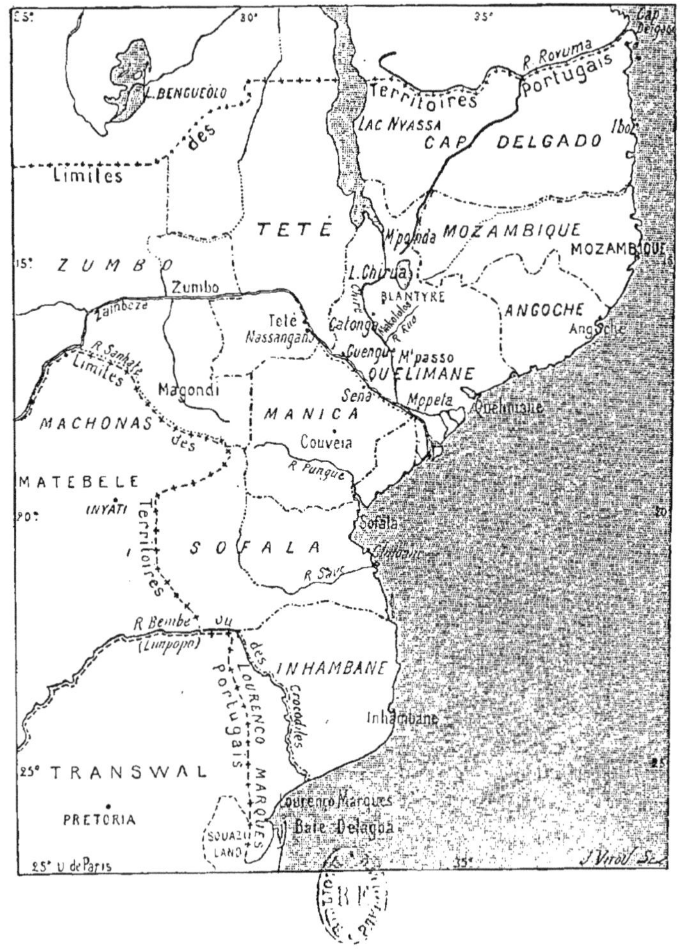

CHAPITRE III

SOMMAIRE. — Origine du conflit anglo-portugais. — Partage de l'Afrique entre les puissances européennes. — Possessions portugaises. — Les explorateurs portugais en Afrique. — Le major Serpa Pinto. — Son expédition contre les Makololos.

La prise de possession de l'intérieur de l'Afrique, par les puissances européennes, a revêtu, au cours de cette dernière année, un caractère presque sans précédent dans l'histoire. Après avoir exploré pendant des siècles ce continent mal connu et à peine délimité, par des inscriptions vagues, sur les cartes, la vieille Europe s'est emparée de l'Afrique entière. Le 1er juillet a eu lieu l'accord anglo-allemand, le 5 août était signé l'accord anglo-français, et le 20 août le traité anglo-portugais. En cinquante jours, du 1er juillet au 20 août 1890, la France, l'Angleterre, l'Allemagne et le Portugal se sont partagé les immenses territoires de l'Afrique centrale, qui étaient restés indécis jusqu'ici.

Une fièvre s'est emparée des nations européennes, durant ce partage, où chaque trait de plume, tracé sur la carte par les plénipotentiaires des puissances, créait des provinces et des royaumes.

L'année 1890 marquera le point de départ d'une évolution historique nouvelle. Désormais l'Europe regarde vers ces contrées inconnues jusqu'à hier et qui, demain, deviendront la source d'inépuisables richesses.

Un petit pays comme le Portugal possède, en Afrique seulement, des colonies dont l'étendue est douze fois plus grande que celle de la métropole. Le moindre incident de frontières, qui paraît n'avoir pas grande importance, règle le sort de contrées immenses, qui possèdent des ressources incalculables.

Dans ces conditions, on comprend que le conflit qui s'est produit dernièrement, entre l'Angleterre et le Portugal, dont les avant-gardes s'étaient rencontrées au centre de l'Afrique, ait pris une forme aussi aiguë. Outre la terrible blessure faite à leur amour-propre, les Portugais, qui ont toujours été colonisateurs, se voyaient lésés gravement dans leur politique coloniale. Les Anglais leur enlevaient brutalement un immense territoire, sur lequel ils avaient acquis des droits incontestables. Ils les frappaient dans leurs intérêts primordiaux. L'indignation et la résistance désespérée que le Portugal a opposées aux empiétements de l'Angleterre n'a donc rien qui puisse étonner.

Avant de commencer à faire l'historique du conflit anglo-portugais, il convient de dire, en quelques mots, quelles sont les possessions portugaises qui ont occasionné ce conflit, et comment les Portugais s'en sont rendus maîtres.

Les territoires dont l'Angleterre cherche à s'emparer font partie de la province de Mozambique, représentée sur notre carte. Cette province, qui appartient au Portugal, occupe, dans la partie sud-est de l'Afrique, à la hauteur de l'île de Madagascar, une étendue de côtes d'environ 2,000 kilomètres. Elle a une superficie de 1,284,000 kilomètres carrés et se divise en dix districts : cap Delgado, Mozambique, Angoche, Quelimane, Manica, Teté, Sofala, Inhambane, Lourenço-Marquez et Zumbo. La population de la province est d'environ 80,000 habitants, sans compter les indigènes qui habitent le vaste territoire soumis à la domination portugaise.

M. Rebello da Silva, l'éminent historien portugais, s'exprimait ainsi, en parlant de cette province, à l'époque où il était ministre de la marine et des colonies :

« La province de Mozambique a été douée par la nature avec la plus grande libéralité. Très vaste et très riche, elle s'enorgueillit des produits agricoles les plus recherchés et se revêt d'immenses forêts de bois précieux. Située au centre de l'Afrique, recueillant plusieurs fleuves navigables qui communiquent entre eux, et traversée par les deux bras du Zambèze, elle a, à sa portée, les ports d'Asie pour le prompt débouché des denrées qu'elle n'exporte pas pour l'Europe.

« Céréales, fruits, viandes, poissons, or, fer, cuivre, bois de construction, en un mot tout ce qui peut enrichir une grande région, la province peut l'extraire de son sein et sans grand effort. Les forêts promettent aux constructions et au commerce un concours de grande valeur. Les fleuves sont autant d'artères pour la circulation interne. Des gîtes de charbon de terre, cet auxiliaire indispensable de l'industrie et de la navigation à vapeur, invitent les capitaux et leur promettent des bénéfices certains. »

Dans son compte rendu présenté aux Cortès, en 1863, M. de Mendès-Leal, qui fut, plus tard, envoyé extraordinaire et ministre plénipotentiaire de Portugal en France, disait :

« Les communications régulières, fréquentes, rapides, établies avec la province de Mozambique, y opéreront une transformation immense. Elles porteront, à cette colonie, l'organisation interne et la célérité de l'action. C'est par elles que l'attention se fixera sur les valeurs immenses qui peuvent y être exploitées. L'intérêt y attirera le capital. Le capital amènera une navigation fréquente qui enfantera une ère nouvelle de lumière et de civilisation. »

Les prévisions de M. de Mendès-Leal se sont réalisées. Les progrès annoncés se sont accomplis et, aujourd'hui, la province de Mozambique est un des plus beaux fleurons de la couronne portugaise.

C'est dans le district de Quelimane, au nord du Zambèze et au sud du lac Nyassa, dans la région arrosée par le Chiré et, plus au nord, dans le pays des Matabelles et des Machonas, que se trouvent les territoires revendiqués par le Portugal.

Les documents que nous avons eus entre les mains prouvent que, dès la plus haute antiquité, les Portugais avaient établi leur domination sur ces régions.

Nous trouvons, pour la première fois, la trace d'une expédition portugaise, qui ait pénétré jusqu'au lac Nyassa, dans une lettre de Luiz Mariano, écrite en 1624, à Teté, sur les bords du Zambèze, et dont l'original se trouvait dans les archives des jésuites de Goa. Luiz Mariano parle du lac Nyassa, qu'il appelle Hemosura, et dit que ce lac se déverse, par la rivière Cherim (Chiré), dans le Zambèze. « La ville de Maravi, dit Luiz Mariano, située entre le lac et le Zambèze, est très peuplée et nous faisons beaucoup d'échanges avec ses habitants. »

Le voyageur Manuel Godinho, qui parcourut ces régions en 1665, dit, dans une relation de ses voyages : « J'ai été informé de l'existence de ce lac (le lac Nyassa) par les Portugais qui l'ont découvert, en naviguant sur la rivière Chiré, qui se jette dans le Cuama (Zambèze), au-dessous de Sena. »

Dans un livre de Francisco de Souza, écrit en 1655, nous lisons les lignes suivantes : « Tous les autres pays, bordant les confins de la contrée du Maravi, qui s'étendent jusqu'à la ville de Teté... sont les vassaux des Portugais... le royaume de Maravi tient entre ce lac (le lac Nyassa) et le Zambèze. »

Ainsi, dès le XVIIe siècle, les Portugais avaient soumis toute la région qui s'étend du lac Nyassa au Zambèze et ils naviguaient sur le Chiré.

C'est bien longtemps après, au mois de janvier 1853, que Livingstone visita le Chiré et les régions avoisinantes. Richard Burton, le célèbre voyageur anglais, reconnaissait, en 1873, que le Portugal avait, le premier, occupé la région du Chiré.

Quant aux autres pays, qui s'étendent à l'ouest du lac Nyassa, ce sont encore les Portugais qui les ont explorés les premiers. Manuel Caetano Pereira, en 1796, Lacerda, en 1798, et le colonel Honorato da Costa, en 1811, ont parcouru et soumis ces régions.

Dès le XVIe siècle, les Portugais avaient établi de nombreuses stations militaires dans la région qui entourait la ville de Maravi. Au commencement du XIXe siècle, ils fondaient la colonie de

Marambo et organisaient les expéditions conduites par Pinto, Monteiro et Gamitto.

Il résulte de tous ces documents que, depuis plus de trois siècles, le Portugal a soumis toutes les régions qui s'étendent au sud, à l'est et à l'ouest du lac Nyassa, y compris les territoires qui bordent le haut cours du Chiré, et dont les Anglais contestent la possession aux Portugais.

Outre les voyageurs dont nous venons de citer les noms, de nombreux missionnaires portugais se sont rendus, dès les temps les plus reculés, dans ces contrées et dans celles qui se trouvent au sud du Zambèze et qui sont occupées, aujourd'hui, par les Matabelles et les Machonas.

En 1560, trois missionnaires, Conçalo de Sylveira, Andre Fernandez et Andre da Costa, arrivaient à Mozambique et, au bout de quelques mois, ils baptisaient les rois de l'Otangué, du Monomotapa et un grand nombre de leurs sujets. Francisco Baretto, qui explora ces régions en 1571, raconte que les Portugais possédaient déjà une colonie à Teté, et qu'ils exploitaient les mines du pays. Plus tard, en 1605, une expédition portugaise, dont faisaient partie les P. P. Francisco Gonzalèz et Paulo Alexio, obtint, du roi de Monomotapa, l'autorisation d'exploiter les mines d'or du royaume.

On le voit, dès la plus haute antiquité, les Portugais avaient acquis des droits de domination incontestables sur les territoires qui ont été cause du récent conflit avec l'Angleterre. Aujourd'hui la province de Mozambique est organisée comme les autres colonies du Portugal. Nous avons dit qu'elle était divisée en dix districts. Elle possède une administration judiciaire qui comprend deux tribunaux de première instance, une administration ecclésiastique dépendant de l'archevêché de Goa, de nombreuses écoles, un budget séparé, un corps d'armée composé de 3,000 hommes, sans compter les troupes indigènes, plusieurs ports, trois stations des plus importantes sur le Zambèze, Sena, Teté et Zumbo, en un mot les Portugais en sont complètement les maîtres et, jusqu'à tout dernièrement, les populations avoisinantes reconnaissaient leur domination.

Arrivons maintenant aux événements qui ont occasionné la crise que le Portugal traverse en ce moment.

La province de Mozambique, dont les bornes au nord et à l'est sont nettement tracées par la rivière Rovuma et l'Océan, est délimitée d'une façon plus vague au sud et du côté de l'ouest. De ce côté se trouvent des peuplades indigènes qui, bien que soumises depuis longtemps à la domination des Portugais, se révoltent parfois et obligent les suzerains à user de la force pour remettre l'ordre parmi elles. Parmi ces peuplades se trouvent les Matabelles, les Machonas et, plus au nord, les Makololos. L'Angleterre, dont les possessions du centre de l'Afrique se rapprochent de celles du Portugal, cherche à arracher ces peuplades à la domination portugaise, pour les soumettre, et, dans ce but, elle fomente parmi eux la révolte en leur fournissant des subsides et des armes.

Déjà, au mois de novembre 1889, la Société de géographie de Lisbonne protestait énergiquement, dans un rapport adressé au ministre de la marine et des colonies, contre les agissements de l'Angleterre, qui, dans le but de s'adjuger les contrées habitées par les Matabelles et les Machonas, avait fourni aux Matabelles 1,000 fusils Henry Martini et 300,000 cartouches, et les avait poussés à occuper le territoire des Machonas, population qui, jusque-là, avait toujours reconnu la domination des Portugais.

A la suite des troubles produits par cette intervention occulte de l'Angleterre, trois expéditions portugaises partirent de la colonie. La première, commandée par Antonio Cardoso, pénétra sans difficulté le long de la rive orientale du lac Nyassa. La seconde et la troisième, sous les ordres de Païva d'Andrade et de Cordon, s'avancèrent dans la direction de Zumbo, capitale du district du même nom, et continuèrent leur route vers le haut Zambèze et le Sanhaté.

A Massangano, les Portugais battirent le roi nègre

Bonga, puis Cordon avança plus avant vers le sud, du côté de Magondi, et explora le Sanhaté. Partout les rois nègres se soumirent à lui et renouvelèrent les traités par lesquels ils reconnaissaient la domination du Portugal. Au confluent du Sanhaté et du Zambèze, les Portugais construisirent un village auquel ils donnèrent le nom de Luciano Cordeiro, en l'honneur du président de la Société de géographie de Lisbonne, et un fort qui fut appelé le fort Amélia.

L'Angleterre n'ayant pas réussi de ce côté, tenta un nouvel effort vers le nord, dans la région habitée par la peuplade des Makololos, au sud du lac Nyassa, sur les bords du Chiré. Dans ces parages se trouve la ville de Blantyre où, il y a de cela quelques années, des missionnaires écossais s'établirent avec l'autorisation du gouvernement portugais. La compagnie anglaise, *South african Company*, a établi une station à Blantyre. Les missionnaires et les représentants de la compagnie forment un total d'environ vingt individus, et il n'y a pas d'autres Anglais dans la contrée. Cela n'a pas empêché l'Angleterre de revendiquer la possession de toute cette région, et cela au mépris des droits du Portugal, établis depuis des siècles.

En 1889, le gouvernement portugais envoya un commissaire qui devait faire le tracé d'un chemin de fer destiné à longer le Chiré, sur une distance de 75 kilomètres, dans la partie où, à cause des rapides, il n'est pas navigable et qui se trouve un peu au-dessus de Catonga. Ce chemin de fer devait relier, avec l'océan, une mission portugaise, établie depuis quelques années à M'ponda, au sud du lac Nyassa, à l'endroit où le Chiré sort du lac. La mission était accompagnée par une escorte de 500 hommes, commandée par le major Serpa Pinto.

Il convient de dire ici quelques mots sur le major Serpa Pinto, qui a tant fait parler de lui. Serpa Pinto, qui a su continuer au XIXe siècle les glorieuses traditions des explorateurs portugais, est à peine âgé de 40 ans. De taille moyenne, brun, très élégant, il est à la fois parfait homme du monde, beau causeur, charmeur même, ce qui ne l'empêche pas de supporter, lorsqu'il le faut, les fatigues et les privations avec un courage surhumain, et de faire preuve, dans les moments les plus difficiles, d'une énergie extraordinaire.

Serpa Pinto se distingua, pour la première fois, en faisant la traversée de l'Afrique, dans toute sa largeur. Parti le 12 novembre 1877 de Benguela, il arriva à Prétoria le 12 février 1879, accompagné seulement de dix hommes, malade, ayant risqué vingt fois sa vie et accompli un trajet que personne n'avait osé tenter jusque-là. A son retour, ses compatriotes lui firent des ovations enthousiastes et, lorsqu'il eut publié la carte des régions explorées par lui, la Société de géographie de Paris lui décerna la grande médaille d'or, la plus haute distinction qu'elle accorde aux explorateurs.

En 1889, Serpa Pinto fut chargé, comme nous l'avons dit plus haut, par le gouvernement portugais, d'accompagner la mission qui devait étudier le tracé d'un chemin de fer le long du Chiré. C'est à cette époque qu'eurent lieu les événements qui provoquèrent le conflit anglo-portugais.

Les Anglais établis à Blantyre n'avaient, jusque-là, jamais tenté d'imposer leur autorité aux peuplades environnantes, et ils reconnaissaient si bien l'autorité du Portugal, qu'en 1879, un consul anglais, M. O'Neill, avait demandé au gouvernement portugais si les missionnaires anglais, établis à Blantyre, devaient traiter personnellement avec les indigènes, ou s'ils pouvaient compter sur la protection des Portugais. Le gouvernement portugais avait répondu que le district était placé sous la protection de la couronne de Portugal.

Les Anglais avaient pu cependant se rendre compte, par l'intermédiaire des missionnaires établis à Blantyre, de l'immense richesse du pays qui, outre ses produits naturels, possède encore des mines d'or et d'argent, et ils imaginèrent de soulever, contre la domination portugaise, les Makololos, petite peuplade guerrière, qui habite le pays situé au sud de Blantyre et au nord de M'passo, sur les bords du Chiré. Ceux-ci refusèrent d'abord, mais ils finirent par céder et résolurent de s'opposer au passage de la mission portugaise, commandée par Serpa Pinto.

Lorsque Serpa Pinto arriva à M'passo, ville où l'on trouve des gouverneurs, des juges, des autorités légalement constituées par le Gouvernement portugais, il apprit que les Makololos étaient décidés à lui barrer le passage. Les Makololos étaient en nombre et bien armés. Serpa Pinto ne pouvait songer à traverser leur territoire. Il fut obligé de rebrousser chemin, revint à Mozambique, et là, après avoir fait connaître à son Gouvernement le résultat de son expédition, il attendit de nouvelles instructions.

Ayant reçu l'ordre d'accomplir coûte que coûte sa mission, Serpa Pinto leva 5,000 Cafres, dans le Bas-Zambèze et, vers le mois d'octobre 1889, il se remit en marche vers le nord. Arrivé à M'passo, il fut attaqué, le 8 novembre, par les Makololos. Serpa Pinto s'était fortifié sur les deux rives du Chiré. L'ennemi était en nombre et armé de fusils à tir rapide. Les Portugais possédaient quatre canons de 8 centimètres, trois mitrailleuses et, de plus, ils étaient appuyés par les canonnières *Maras*, *Cheri* et *Filviera*, qui avaient remonté le Chiré et qui étaient munies de mitrailleuses et de canons-revolvers.

L'attaque de l'ennemi fut très vive et les Portugais subirent des pertes graves, mais, finalement, la victoire leur resta. Les Makololos, épouvantés par l'effet des mitrailleuses, s'enfuirent, et les Portugais croyaient déjà le combat fini, lorsqu'ils virent l'ennemi revenir. Voici comment le major Serpa Pinto, lui-même, raconta la fin de la bataille au correspondant du *Temps*, à Lisbonne :

« Les Makololos étaient en fuite, quand je les vis revenir, précédés de deux d'entre eux, qui portaient chacun un drapeau anglais. Ces drapeaux, comme les Makololos me l'ont avoué eux-mêmes plus tard, leur avaient été remis par les missionnaires de Blantyre, qui leur avaient dit que c'étaient des fétiches et qu'en les voyant en tête de leurs troupes, je déposerais les armes. Je ne m'arrêtai pas à ce subterfuge dont je devinai l'origine. Le combat s'engagea de nouveau. Mes Cafres tuèrent les porteurs de drapeau et s'emparèrent de leurs étendards, ce que voyant, les Makololos s'enfuirent pour aller se reformer au delà du Ruo, à son confluent avec le Chiré, dans une très forte position, dont je les ai délogés quelques jours plus tard.

« Après cette dernière défaite, ils m'ont fait leur soumission et j'ai envoyé, dans tout leur pays, des officiers de marine, avec de petits corps de troupes, qui ont achevé de le pacifier. Leur Roi avait trouvé la mort dans le combat. Il était très craint pour son abominable cruauté et sa mort fut célébrée partout comme une délivrance. Les Makololos étaient si bien soumis, qu'ils aidaient mes soldats à se construire des abris et des forts et exprimaient hautement leur regret d'avoir suivi les conseils des Anglais en me déclarant la guerre. »

Depuis quelques années, la Compagnie anglaise, *South african company*, avait organisé un service de bateaux à vapeur sur le Chiré. Elle crut devoir adresser une lettre au major Serpa Pinto, dans laquelle elle lui déclarait qu'elle le rendait responsable des possessions de la Compagnie. A cette lettre était joint un inventaire de ces possessions, inventaire qui se trouve dans les archives du ministère des affaires étrangères, à Lisbonne, et qui se monte à la somme minime de 1,100 livres sterling. C'est cette Compagnie, qui évalue elle-même à une somme aussi dérisoire la valeur de ses deux bateaux et des dix stations établies sur les rives du Chiré, qui prétend prendre possession des vastes territoires conquis depuis des siècles par les Portugais.

CHAPITRE IV

Sommaire. — Négociations avec l'Angleterre. — Ultimatum de lord Salisbury. — Réponse du gouvernement portugais. — Chute du ministère. — Le nouveau ministère. — Manifestations anti-anglaises. — Le commerce anglais et français en Portugal.

En réalité, il n'y avait pas eu autre chose en Afrique, qu'une peuplade révoltée contre le Portugal, à la suite des instigations de l'Angleterre et obligée de se soumettre, après avoir été battue. Mais cette façon d'envisager les événements ne convenait pas au gouvernement anglais. On cherchait un prétexte pour permettre à l'Angleterre d'occuper les territoires des Makololos, et d'établir sa domination dans la région du haut Chiré.

On prit donc les choses de très haut à Londres. Au mois de décembre 1889, lord Salisbury fit savoir à Lisbonne, par l'intermédiaire de son ministre, M. Glynn Petre, qu'en attaquant les Makololos, le major Serpa Pinto avait porté atteinte aux droits d'une nation amie, et il demanda le rappel de tous les officiers portugais qui avaient participé à cette attaque.

Déjà, quelque temps auparavant, lord Salisbury avait protesté contre les prétendus empiétements des Portugais au pays des Matabelles et des Machonas. Cette seconde communication, relative à l'expédition du major Serpa Pinto, surprit beaucoup le cabinet de Lisbonne. M. Barros Gomez, ministre des affaires étrangères, communiqua, le 20 décembre, à M. Glynn Petre, un long exposé de la conduite du major Serpa Pinto. Il lui assura qu'il venait d'expédier au Mozambique les ordres les plus sévères, pour que les intérêts des établissements et des commerçants anglais fussent respectés.

Lord Salisbury répondit, dans une note datée du 5 janvier, que l'expédition dirigée par Serpa Pinto démontrait une intention bien arrêtée, de la part du Portugal, de provoquer des hostilités. « C'est pourquoi, ajoutait dans cette note le chef du cabinet anglais, le gouvernement de la Reine demande que le Portugal lui donne, sans retard et d'une façon bien catégorique, l'assurance qu'il ne fera aucune tentative, pour donner aux questions territoriales une solution par la force, et pour établir la domination du Portugal sur les districts où prédominent les intérêts britanniques. »

En réponse à la note de lord Salisbury, M. Barros

Gomez envoya, le 8 janvier, un nouvel exposé détaillé des actes de Serpa Pinto. Le ministre des affaires étrangères de Portugal prenait l'engagement de ne rien tenter, par la force, dans les régions contestées au nord et au sud du Zambèze, mais il demandait que l'Angleterre prît un engagement analogue, jusqu'à ce que, d'un commun accord, les deux cabinets de Londres et de Lisbonne aient pu fixer la délimitation des sphères d'action sur le Chiré et au pays des Matabelles et des Machonas. Au cas, ajoutait M. Barros Gomez, où les deux gouvernements ne pourraient s'entendre, il ne resterait plus qu'à avoir recours à l'arbitrage, conformément à l'article 12 de l'acte général de la conférence de Berlin.

Cet article est ainsi conçu : « Dans le cas où un dissentiment sérieux, ayant pris naissance au sujet ou dans les limites des territoires mentionnés à l'article premier, et placés sous le régime de la liberté commerciale, viendrait à s'élever entre des puissances signataires du présent acte, ou des puissances qui y adhéreraient par la suite, ces puissances s'engagent, avant d'en arriver aux armes, à recourir à la médiation d'une ou de plusieurs puissances amies. Pour le même cas, les mêmes puissances se réservent le recours à la procédure facultative de l'arbitrage. »

L'engagement consigné dans cet article était tout à fait applicable au litige anglo-portugais, puisque l'article premier de l'acte susdit englobe le Zambèze jusqu'à son embouchure, et le Chiré jusqu'à cinq milles en amont de son confluent. M. Barros Gomez agissait donc on ne peut plus correctement, en proposant à lord Salisbury d'avoir recours à un arbitrage, au cas où l'on ne pourrait tomber d'accord.

Mais cela ne faisait pas l'affaire du cabinet de Londres. Lord Salisbury comprit que si la question était mise sur le terrain du droit, le Portugal obtiendrait à coup sûr gain de cause. Il résolut donc de brusquer les événements afin d'écarter, dès l'abord, toute possibilité de recourir à un arbitrage, et, le 10 janvier, il rédigea un *ultimatum* que M. Glynn Petre communiqua, le 11, au Gouvernement portugais.

Voici la teneur de ce document :

« Le Gouvernement britannique ne peut considérer comme suffisantes et satisfaisantes les assurances du Gouvernement portugais, avec l'interprétation qu'il leur donne.

« Le consul britannique par *interim*, à Mozambique, télégraphie, en invoquant l'autorité même du major Serpa Pinto, que l'expédition a déjà occupé le Chiré, Catonga et d'autres localités du territoire des Makololos ; que ces places ont été fortifiées et ont reçu des garnisons.

« Le Gouvernement britannique insiste pour que les instructions suivantes soient envoyées immédiatement par télégraphe au gouverneur de Mozambique :

« Rappelez aussitôt toutes les forces portugaises se trouvant actuellement sur le Chiré, ainsi que sur le territoire des Makololos et des Machonas.

« Le Gouvernement britannique est d'avis que, faute de cela, les assurances données par le Gouvernement portugais ne sont qu'illusoires, et M. Glynn Petre se verra forcé, conformément à ses instructions, de quitter immédiatement Lisbonne avec tous les membres de la légation, s'il ne recevait pas, cette après-midi, une réponse satisfaisante à bord du navire britannique l'*Enchanteress*, qui attend ses ordres à Vigo. »

La remise de l'*ultimatum* anglais, à Lisbonne, produisit une grande émotion. On ne pouvait croire à une méconnaissance aussi brutale des droits du Portugal. Les ministres, se rendant compte de la gravité de la situation, et prévoyant les sentiments d'indignation qui allaient se manifester dans tout le pays, se réunirent en conseil extraordinaire qui se prolongea jusque dans la nuit.

Dans l'intervalle, des dépêches apprirent au Gouvernement portugais qu'une escadre anglaise, composée de huit navires, venait de quitter Zanzibar dans la direction de Quelimane et des bouches du Zambèze. Les consuls de Portugal, à Gibraltar et à Zanzibar, et le gouverneur de Saint-Vincent avaient prévenu le Gouvernement que les forces navales anglaises paraissaient prêtes à faire une démonstration, non seulement devant Quelimane et dans la baie Delagoa, mais aussi devant Saint-Vincent et les îles du Cap-Vert.

Contraint et forcé, le Gouvernement portugais céda à la pression de l'Angleterre. La réponse de M. Barros Gomez, ministre des affaires étrangères, à l'*ultimatum* anglais, après avoir fait, une fois de plus, l'exposé de la situation et protesté contre le procédé de l'Angleterre, conclut ainsi :

« En présence d'une rupture imminente avec la Grande-Bretagne, et considérant toutes les conséquences qui pourraient en résulter, le Gouvernement portugais se soumet aux exigences formulées dans les deux dernières notes du Gouvernement anglais.

« Tout en réservant, à tout égard, les droits de la Couronne portugaise sur les territoires susmentionnés de l'Afrique, ainsi que le droit qu'elle possède, en vertu de l'article 12 de la convention de Berlin, de recourir à un arbitrage, pour la solution de la question en litige, le Gouvernement du Roi enverra au gouverneur de Mozambique les ordres que lui impose la Grande-Bretagne. »

Dans cette réponse, M. Barros Gomez, après avoir réservé tous les droits de la Couronne portugaise, sur les territoires situés le long du Chiré, celui des Makololos et le pays des Matabelles et des Machonas au sud du Zambèze, ajoute que le Portugal se réserve de plus, expressément, « le droit que lui confère l'article 12 de la convention de Berlin de régler définitivement le litige par convention ou par arbitrage ».

Le ministre des affaires étrangères de Portugal faisait entendre ainsi clairement que le fait de donner l'ordre, aux autorités du Mozambique, d'évacuer les territoires occupés par les troupes portugaises, ne préjugeait nullement la question de savoir à qui appartenaient ces territoires, et que cette question devait être tranchée ultérieurement.

L'explosion de colère qui éclata en Portugal, quand on connut ces deux actes, est impossible à décrire. Des rassemblements se formèrent et des manifestations tumultueuses eurent lieu. La foule se porta devant les hôtels des ministres, où elle cassa les vitres aux cris de : « A bas Barros Gomez ! Vive Serpa Pinto ! » puis devant le palais du Roi, en criant : « A bas le ministère ! » La police, prévenue que les manifestants se dirigeaient vers la légation d'Angleterre, se mit aussitôt en devoir de les en empêcher, mais ceux-ci parvinrent néanmoins à casser les vitres à coup de pierre et à arracher l'écusson de la porte.

Devant la rédaction du journal *As Novidades* qui était l'organe de M. Barros Gomez, des manifestations analogues eurent lieu. On dévasta les bureaux aux cris de : « A bas Barros Gomez! » « A bas l'Angleterre! » En province l'agitation ne fut pas moindre. A Coïmbre on traîna dans les rues un drapeau anglais qu'on brûla ensuite sur la place publique. A Porto le gouverneur de la ville ayant essayé d'interdire un meeting que voulaient tenir les étudiants, ceux-ci se rendirent, suivis d'une foule immense, devant le consulat d'Angleterre dont ils cassèrent les vitres.

M. Barros Gomez comprit qu'il ne lui restait plus qu'à donner sa démission; c'est ce qu'il fit et le Roi chargea immédiatement M. Antonio de Serpa Pimentel, chef des régénérateurs, de former le cabinet.

Le 15 janvier, M. de Serpa Pimentel présentait à Dom Carlos le nouveau ministère, composé de la façon suivante :

M. de Serpa Pimentel, président du Conseil et Intérieur.

M. Hintze-Ribeiro, affaires étrangères.

M. Lopovaz, Justice.

M. Franco Castello Branco, Finances.

M. Arroys, Marine.

M. Frederico Arouca, Travaux publics.

M. le général Vasco Guedes de Carvalho, Guerre.

Nous croyons intéressant de dire ici quelques mots sur MM. de Serpa Pimentel et Hintze-Ribeiro qui ont joué tous deux un rôle important dans les événements qui viennent d'agiter le Portugal.

M. Antonio de Serpa Pimentel est né à Coïmbre, le 20 septembre 1825. Il appartient à une famille d'ancienne noblesse, qui a toujours occupé de hautes dignités dans le royaume. Avant d'aborder la politique, M. de Serpa Pimentel entra dans l'armée et, en 1851, il était professeur de mathématiques à l'école polytechnique de Lisbonne, avec le grade de colonel. Ceci ne l'empêchait pas de s'occuper de travaux littéraires et de journalisme. Il a écrit pour le théâtre une imitation de la *Dalila* d'Octave Feuillet ainsi qu'une comédie originale en trois actes, intitulée : *Casamento e Despacho*. Ses poésies qui forment un recueil, sont fort appréciées. Mais c'est dans le journalisme, comme rédacteur en chef du *Pays* , de *O Portuguez* et de l'*Opinão* et, plus tard, à la Chambre, où il entra en 1856, qu'il sut mettre en relief ses brillantes qualités.

M. de Serpa Pimentel a fait plusieurs fois partie des cabinets qui gouvernèrent le pays et le Roi l'a nommé, en 1872, conseiller d'État effectif. C'est lui qui, il y a quelques années, a négocié le traité de commerce avec la France. Il représenta aussi le Portugal à Berlin, lors de la conférence pour régler les conditions d'occupation du territoire africain, et il y défendit avec une grande énergie les intérêts des colonies portugaises. Comme orateur, M. de

Serpa Pimentel se distingue par son argumentation pleine de vigueur et son sang-froid qui ne le quitte jamais, même dans les circonstances les plus difficiles. C'est là une qualité inappréciable pour un homme d'État.

C'est à M. Hintze-Ribeiro, ministre des affaires étrangères, que devait échoir la tache difficile de conclure un arrangement avec l'Angleterre, au sujet du récent conflit qui venait de se produire.

Après avoir fait de brillantes études à l'Université de Coïmbre, M. Hintze-Ribeiro entra fort jeune dans la politique. En 1874, les électeurs de l'île de San Miguel, une des Açores, l'élurent député. M. Hintze-Ribeiro sut se faire une place à part dans le Parlement, par ses brillantes qualités. Le 30 avril 1881, à peine âgé de 32 ans, il occupa, dans le ministère Fontès, le portefeuille des travaux publics et, peu de temps après, celui des affaires étrangères puis celui des finances.

A la Chambre des pairs, où il siégea après avoir quitté le ministère, M. Hintze-Ribeiro s'acquit la réputation d'un orateur de premier ordre. Parlant également bien l'anglais et le français et de plus considéré comme une autorité en matière de droit international public, M. Hintze-Ribeiro était tout désigné pour occuper le ministère des affaires étrangères dans le cabinet de Serpa Pimentel.

Aussitôt le ministère constitué, le président du

conseil fit devant les Chambres une déclaration résumant la ligne de conduite que le cabinet comptait tenir. « Nous prenons le pouvoir, dit M. de Serpa Pimentel, dans des circonstances difficiles. Le Portugal a le droit si l'Angleterre a la force. Le ministère saura maintenir les droits de la nation; il veillera sur son honneur et sauvegardera ses intérêts, selon que l'exigera la dignité nationale. En entretenant les meilleures relations avec les puissances étrangères, le gouvernement s'occupera activement de faire des économies dans les dépenses et de favoriser l'essor de la richesse publique. Le ministère prêtera une attention particulière aux affaires coloniales, à l'armée, à la marine, à l'agriculture et à l'instruction publique qui laisse beaucoup à désirer. »

Quelques jours après, le 20 janvier, les Cortès, où le Gouvernement ne pouvait espérer avoir une majorité, furent dissoutes et les élections fixées au mois de mars.

A la suite du changement de ministère, l'agitation diminua un peu à Lisbonne. Cependant des manifestations hostiles à l'Angleterre continuèrent à se produire. On éleva un autel patriotique en face du palais royal des *Necessidades*. On le surmonta du portrait de Serpa Pinto et on demanda aux passants leur souscription, pour l'achat d'une épée d'honneur, destinée au hardi explorateur.

L'association des commerçants tint une réunion

générale, dans laquelle on prononça des discours patriotiques. On y discuta la suspension de la circulation de la monnaie anglaise et du fret des navires anglais, ainsi que la création de nouveaux marchés en Afrique et en Europe. Des négociants contremandèrent des commandes de plusieurs millions faites en Angleterre. A Sétubal, la population empêcha même un commerçant portugais d'embarquer des marchandises sur un vapeur anglais, qui dut partir sans chargement. L'association commerciale portugaise expulsa tous ses membres anglais.

Les journaux de Lisbonne invitèrent leurs confrères à ne publier aucune annonce anglaise et à ne plus annoncer les arrivées et les départs des navires anglais. *Os Debates* publièrent en gros caractères la note suivante : « Vengeance ! N'achetons pas à l'Angleterre, ne vendons pas à l'Angleterre ! Allions-nous à la France et à l'Espagne. » Une souscription nationale, ouverte pour l'achat d'armements, monta en trois jours au chiffre de dix millions.

Au Mozambique les autorités, en recevant l'ordre du gouvernement portugais de faire évacuer, conformément à l'*ultimatum* anglais, les territoires contestés du Chiré et du pays des Matabelles et des Machonas, préférèrent donner leur démission en masse, plutôt que d'être obligées d'obéir.

L'élan patriotique qui anima le royaume du Portugal et dont le contre-coup se fit sentir jusqu'au fond des colonies, n'a rien qui puisse étonner ceux qui ont observé quelque peu le caractère des Portugais. Le Portugal est déchu aujourd'hui de son ancienne puissance. Il a perdu, une à une, les immenses possessions que lui avaient conquises autrefois ses hardis navigateurs. Après avoir commandé à une partie du monde, il est tombé au rang des petits pays. Les Portugais ont conscience de leur faiblesse, mais ils se souviennent de leur grand passé et ils ont toujours présents à la mémoire les vers de Camoëns :

« ... Quasi cume da cabeça
Da Europa toda o reino Lusitano (1). »

(*Os Lusiadas.*)

Si l'orgueil est un défaut, la fierté au contraire est une vertu patriotique et les peuples qui ont conservé intact le culte de la grandeur de la patrie, ont en eux assez de vitalité pour pouvoir se relever un jour. Le Portugal proudit encore des hommes à qui il ne manque, pour être grands, que la grandeur de leur patrie. Il y a quelques siècles, Serpa Pinto eût été un héros comme les Vasco de Gama et les Magellan.

Et ce n'est pas seulement dans les classes diri-

(1) Le royaume Lusitanien dépasse quasi de toute la tête l'Europe entière.

geantes et chez les gens cultes que se retrouve cet enthousiasme patriotique, qui éclate à chaque occasion, c'est aussi dans les classes inférieures du peuple. On ne peut s'empêcher d'admirer ce sentiment de fierté nationale, qui provoque, à un moment donné, l'intervention solennelle, passionnée, tumultueuse de tout un peuple. C'est vers son glorieux passé que s'est tourné le Portugal pour trouver l'énergie et le courage de traverser dignement cette crise et c'est la statue de Camoëns, de l'auteur immortel des *Lusiades*, que le député Eduardo d'Abreu a recouverte d'un voile noir et sur le socle de laquelle il a écrit ces paroles, au milieu d'une foule immense et recueillie :

« Voici le voile de deuil de l'âme de la patrie. Il reste confié à la garde de la jeunesse des écoles, du peuple et de l'armée. Celui qui l'arrachera sera un lâche vendu à l'Angleterre. »

De pareils spectacles sont bien faits pour relever le courage d'une nation, et le guet-apens politique tendu par l'Angleterre au Portugal aura eu du moins ce résultat de réunir, pour un moment, les patriotes portugais comme une seule âme, dans un unique et puissant amour, l'amour de la patrie.

On peut dire aujourd'hui que les liens d'amitié qui unissaient l'Angleterre au Portugal depuis de longues années sont à jamais rompus. Désormais la haine des Anglais est ancré au cœur des Portugais. Jamais l'Angleterre ne pourra ressaisir la confiance et l'amitié de ceux qui ont chanté l'hymne superbe de Guerra Junqueiro :

« Odio ao pirata, odio ao bandido,
Odio ao bretao !
. . . .
Odio invincivel como a hera,
Odio con dientes de pantera,
Odio con babas de reptil!... » (1).

Les Portugais voient clair aujourd'hui dans le jeu de l'Angleterre. Ils comprennent que depuis le traité de Methuen, qui eut lieu en 1703, ils vivent sous sa dépendance économique et qu'elle poursuit à leur égard la même politique qu'à l'égard de l'Irlande, en s'efforçant, de toutes façons, d'empêcher leur développement matériel et moral. Soit qu'elle refuse au Portugal le crédit nécessaire pour améliorer sa situation, soit qu'elle essaye de s'emparer de ses colonies les plus belles et les plus riches, elle a toujours recours à des armes perfides, à des procédés de duplicité, pour maintenir ses tributaires à sa merci.

Comme nous l'avons déjà dit, l'Angleterre a accaparé jusqu'ici tout le commerce du Portugal. Mal-

(1) « Haine au pirate, haine au bandit, haine au Breton !... Haine indomptable comme pour la bête fauve, haine avec dents de panthère, haine avec venin de reptile !... »

gré la perte du Brésil, ce commerce est encore des plus importants et il se monte, tant pour les exportations que pour les importations, à 450 millions annuellement. Les ressources du Portugal seraient bien plus considérables si le traité de Methuen n'avait livré toute l'importation du pays aux mains rapaces des Anglais.

En 1888, l'Angleterre a importé en Portugal des marchandises pour une valeur de 104,856,138 francs, tandis que la France n'y importait, pendant la même année, que pour 27,691,195 francs. La France peut profiter actuellement des dispositions du Portugal pour prendre la place que l'Angleterre a si maladroitement perdue. Nous citerons ici, à l'appui de notre thèse, quelques passages d'une étude due à M. Maury, ingénieur, président de la Chambre de commerce française de Lisbonne, dont la compétence ne peut être discutée en semblable matière.

Voici ce que dit M. Maury :

« Le mouvement commercial contre l'Angleterre est réellement sérieux et profond ; les marchandises anglaises ont été partout mises à l'index, tant par le public que par les commerçants eux-mêmes qui ont fait et font encore des efforts pour s'approvisionner ailleurs. Ce mouvement peut être durable s'il est secondé, c'est-à-dire si l'on apporte au Portugal ce qu'il avait l'habitude de prendre aux Anglais, et la France en profitera dans la mesure de l'activité qu'elle déploiera pour cela, mais il ne faut pas que nos commerçants et nos industriels attendent que le Portugal aille les chercher chez eux. Il ne le fera pas, parce que ce n'est pas dans sa nature, et surtout parce qu'il ne les connaît pas. Les Allemands ne s'y sont pas trompés; ils avaient déjà de nombreux représentants en Portugal, cela ne les a pas empêchés, dès l'annonce du conflit, d'envoyer de nouveaux agents solliciter partout les commandes. Les Belges sont aussi venus chercher à supplanter les fers anglais, à peu près exclusivement employés ici.

« Le commerce français n'a pas montré le même empressement.

« A la suite de l'envoi en France des tableaux d'importation qu'elle avait dressés, la Chambre de commerce de Lisbonne a reçu une très grande quantité de lettres, contenant des demandes de renseignements. Elle y a répondu dans la mesure du possible, mais ses membres n'ont pas une compétence universelle, et chacun d'eux n'a pas assez de loisir pour se livrer aux recherches que comporteraient toutes les demandes reçues. Si nos compatriotes venaient en Portugal, les membres de la Chambre se feraient un plaisir de les mettre dans la bonne voie, de leur indiquer à quelle porte ils doivent frapper. »

Non seulement la France doit faire tous ses efforts pour nouer des relations commerciales sé-

10

rieuses avec le Portugal, mais elle fera bien aussi d'y envoyer ses ingénieurs et ses praticiens et d'aider les Portugais à transformer leur outillage agricole, à construire des usines, des fonderies, des manufactures de toutes sortes.

Le Portugal a tout ce qu'il faut pour faire de grands progrès dans cette voie. Des chemins de fer ont été construits, reliant entre elles toutes les villes principales du royaume, et Lisbonne possède un des plus beaux ports du monde comme situation et comme sûreté. A notre époque, où une loi économique pousse les peuples de second ordre à devenir des peuples de commerçants et de commissionnaires, des nations transitoires en un mot, pour retenir une partie des affaires qui leur échapperaient sur un plus vaste terrain, où la lutte contre la concurrence des grandes nations leur serait bien des fois impossible, le port de Lisbonne est un marché indiqué, un trait d'union incomparable entre l'Europe et l'Afrique.

A mesure que ce nouveau continent s'ouvre devant les Européens, que des colonies s'installent sur les côtes, et que les régions du centre elles-mêmes sont explorées et conquises, l'importance du port de Lisbonne devient de plus en plus considérable. La capitale du Portugal sera nécessairement la dernière escale où puissent toucher les navires européens, avant de quitter le vieux continent.

En lisant les journaux de Lisbonne, on voit qu'à la suite de la rupture avec l'Angleterre, les Portugais se tournaient vers la France.

Voici ce qu'écrivait un journaliste portugais, au lendemain de l'*ultimatum* du 10 janvier :

« La glorieuse France, l'inspiratrice de la race latine, est à côté de nous, partageant nos chagrins, épousant nos intérêts, et nous donnant, dans une puissante et fraternelle accolade, le réconfort suprême ; et c'est surtout dans la détresse, à l'heure tragique où le désespoir nous étreint, qu'il est doux et consolant de voir venir à nous une amie à l'âme virile, au cœur enthousiaste et généreux. »

Au cours des manifestations qui eurent lieu à Lisbonne, la foule se porta devant la légation de France, où elle cria : « Vive la France ! Vive le Portugal ! » Des protestations furent envoyées à tous les journaux de Paris qui, en grande partie, les reproduisirent et prirent chaleureusement la défense des Portugais.

Espérons que la France saura répondre à l'appel du Portugal et qu'elle fera tous ses efforts pour resserrer les liens qui l'unissent à cette nation amie.

CHAPITRE V

SOMMAIRE. — Reprise des négociations avec l'Angleterre. — Nouveaux troubles à Lisbonne. — Dissolution des Cortès. — Élections. — Les républicains portugais.

Lorsque le premier moment d'émotion causé à Lisbonne par l'*ultimatum* de lord Salisbury fut passé, le nouveau ministère portugais se mit à l'œuvre. L'époque fixée pour les élections approchait. M. de Serpa Pimentel et ses collègues firent tous leurs efforts pour mettre fin aux troubles qui agitaient le pays et permettre ainsi aux électeurs d'exprimer librement leurs suffrages.

Pendant ce temps, M. Hintze-Ribeiro, ministre des affaires étrangères, entamait à nouveau les négociations avec le gouvernement anglais, en vue d'une entente qui réglât définitivement la question des territoires africains. C'est M. Barjona de Freitas qui fut nommé ministre plénipotentiaire et envoyé extraordinaire de Portugal en Angleterre et par l'intermédiaire de qui les pourparlers reprirent avec le cabinet de Londres.

Le gouvernement portugais insistait pour obtenir que le différend fût tranché par voie d'arbitrage, selon l'engagement pris par toutes les puissances signataires de l'acte de la conférence de Berlin, et au nombre desquelles figuraient l'Angleterre et le Portugal.

Le gouvernement anglais prétendait qu'il n'y avait pas lieu à un arbitrage. Cet arbitrage, selon l'avis de lord Salisbury n'aurait été possible que si les Portugais n'avaient pas employé des mesures de force. Or ceux-ci étaient partis en guerre et ils avaient commencé par soumettre les territoires contestés, sans songer le moins du monde â un arbitrage.

M. Hintze-Ribeiro répondit à ces arguments, qu'à l'époque où le major Serpa Pinto avait soumis les Makololos, l'Angleterre n'avait pas encore élevé de prétentions sur le territoire occupé par ce peuple et que, par conséquent, il n'y avait pas eu lieu à un arbitrage. Le major Serpa Pinto avait simplement soumis une peuplade révoltée et qui, jusque-là, avait été considérée par le Portugal comme reconnaissant son autorité. D'ailleurs, ajoutait M. Hintze-Ribeiro, l'évacuation par les troupes portugaises des districts situés au nord et au sud du Zambèze, à la suite de l'*ultimatum* du 10 janvier, remettait la question dans ses éléments premiers et représentait le cas primitif, où la médiation pouvait être invoquée, aux termes de l'article 12 de l'acte de Berlin.

Ces réponses paraissaient concluantes, mais, en Angleterre, on ne voulait à aucun prix recourir à l'arbitrage, dont on prévoyait trop bien les résultats. Le cabinet de Londres prétendit alors que le territoire qui s'étend au sud du Zambèze se trouvait en dehors de l'aire mentionnée dans l'acte de la Conférence de Berlin. D'après lord Salisbury, les prétentions du Portugal étaient tout aussi inadmissibles en ce qui concernait les pays montagneux du Chiré, car les articles de l'acte de Berlin, qui avaient trait à l'arbitrage, ne s'appliquaient qu'à des contrées où l'on reconnaissait les principes du libre-échange, et tel n'était pas le cas pour ces régions.

Tandis que le ministère poursuivait les négociations diplomatiques avec l'Angleterre, l'époque des élections pour la Chambre des députés approchait et l'on se trouvait en pleine période électorale.

Le 11 février, anniversaire de la proclamation de la République en Espagne, les républicains de Lisbonne résolurent d'aller porter une couronne à la statue de Camoëns. Bien que le ministère se fût opposé à cette manifestation, une réunion eut lieu au Colisée. M. Manuel d'Arriaga, un des chefs du parti républicain, prononça un discours. Puis, quand il eut terminé, il sortit et, accompagné par la foule, se rendit jusqu'à la place Dom Pedro. Là, il exhorta le peuple à nommer une délégation, pour demander au gouvernement la levée de l'interdit. La police intervint à ce moment. M. Manuel d'Arriaga et cent trente personnes furent arrêtés et conduits à-bord d'un navire de guerre, où on les garda pendant dix jours.

Le conseil municipal de Lisbonne, composé en majorité de progressistes, ayant pris une attitude hostile au gouvernement, le *Journal officiel* publia un décret de dissolution du conseil et un décret nommant une commission de sept membres, pour administrer les affaires de la commune, jusqu'à l'élection des nouveaux conseillers, qui ne devait avoir lieu qu'après la réforme de réorganisation municipale de la capitale.

L'ancien conseil, réuni au comité exécutif, résista aux décrets du gouvernement et lui adressa une protestation, disant qu'il était obligé de céder à la force. Lorsque le président, M. Fernando Palha, et le comité exécutif sortirent de l'hôtel de ville, des manifestations se produisirent et la police dut encore intervenir.

Les élections pour la Chambre des députés, qui eurent lieu le 30 mars, donnèrent une grande majorité au gouvernement. L'opposition réussit cependant à Lisbonne, où la majorité des électeurs vota pour la liste antigouvernementale, composée de trois républicains : MM. Elias Garcia, Latino Coelho et Manuel d'Arriaga, et d'un progressiste, M. Fernando Palha, le président de l'ancien conseil municipal dissous par le gouvernement. Jusque-là, le parti républicain ne comptait pour ainsi dire pas, en Portugal, et n'avait pour le soutenir que ses journaux. Il était composé de plusieurs chefs éclairés, intelligents, mais manquait de soldats. Les républicains tâchaient, par la voie de la presse, de faire pénétrer leurs principes au sein de la nation.

« La monarchie, disaient-ils, a conservé la structure qu'elle avait quand le Portugal tirait d'immenses richesses de ses colonies de l'Inde, de l'Amérique et de l'Afrique. Ces ressources n'existant plus, la nécessité d'avoir un gouvernement économe des deniers publics s'impose; or ce gouvernement ne peut être qu'un gouvernement républicain. Par son essence, par ses traditions, par ses habitudes, la monarchie dépense trop d'argent. Nos budgets sont des budgets fictifs. Les sommes inscrites pour les dépenses de tel ou tel service sont en réalité sacrifiées pour subvenir aux besoins incessants de la maison royale. Le désordre le plus complet règne dans certaines administrations et certains ministères. Un gouvernement républicain est seul en état de remédier à une pareille situation. »

Telles sont les idées que les républicains s'efforçaient de propager. Aux élections précédentes, deux républicains seulement avaient pu entrer au Parlement. M. Latino Coelho élu à Lisbonne, en vertu du droit de représentation des minorités, et M. Freitas, qui triompha à Porto, pour des raisons purement afférentes au commerce des vins de cette ville. Aux élections de 1890, au contraire, les républicains se sont présentés franchement, avec un programme politique et, grâce à l'appui des progressistes, ils ont réussi. Les républicains ont été très habiles, en mettant sur leur liste le nom de M. Fernando Palha, l'ancien président du conseil municipal dissous. Ils savaient que de cette façon toute les voix des progresistes seraient pour eux et de fait, alors qu'aux élections précédentes ils n'avaient eu que 3,240 voix tandis que les régénérateurs en avaient 3,885 et les progressistes, alors au pouvoir, 4,530, cette fois la liste des républicains progressistes passa avec 6,953 voix. Le gouvernement, prévoyant l'accord qui allait se faire entre tous les partis d'opposition, avait patronné la candidature du major Serpa Pinto, le héros populaire, et de trois autres explorateurs Africains. Il espérait que l'immense popularité de Serpa Pinto pourrait contrebalancer les efforts de tous ses ennemis réunis. La liste gouvernementale n'obtint cependant que 5,827 voix. La population à préféré à ces explorateurs, dont l'élection eût constitué cependant un acte hostile à l'Angleterre, les noms des candidats patronnés par l'opposition, et ce n'est que comme représentants de la minorité de Lisbonne que le major Serpa Pinto et son compagnon M. Païva d'Andrade font partie du nouveau Parlement.

Désormais le parti républicain devient un parti sérieux en Portugal, grâce à l'Angleterre, qui avait intérêt cependant à sauvegarder le principe monarchique dans ce pays. Certes, ceux qui prétendent que la monarchie est condamnée en Portugal et que le principe républicain triomphera avant peu, exagèrent. La monarchie a des racines trop profondes dans le royaume, elle remonte à une antiquité trop grande pour pouvoir être ainsi renversée en un jour. Mais il ne faut pas se le dissimuler, l'élection de Lisbonne a une grande signification.

En Portugal, les provinces sont encore fort arriérées. Les élections y donnent toujours une majorité gouvernementale, quel que soit le parti au pouvoir. Le peuple n'est pas encore assez avancé, assez instruit, pour pouvoir juger de la marche des choses et, à moins d'un grand événement, qui réveille pendant un instant, dans tous les cœurs, les sentiments de patriotisme et de fierté nationale, il vote pour les candidats patronnés par l'Administration.

Ceci arrive partout où les basses classes du peuple sont trop ignorantes pour se rendre compte du droit et du devoir qu'elles ont d'exprimer leur volonté. Les considérations locales l'emportent sur celles d'ordre général. Le besoin d'obtenir les bonnes grâces de l'autorité, la crainte de se voir lésé dans ses intérêts, font qu'en Portugal, comme dans tous les pays où l'instruction est encore peu répandue, le peuple des campagnes n'a pas d'opinion politique autre que celle du gouvernement. S'il n'y avait pas une loi, en vertu de laquelle les minorités sont représentées à la Chambre, il n'y aurait jamais d'opposition au Parlement portugais, ou du moins l'opposition y serait insignifiante.

Il faudra bien du temps et bien des efforts pour que les Portugais apprennent à connaître et à exercer leurs droits de citoyens. Beaucoup de parties du territoire, malgré les chemins de fer qui ont été construits ces dernières années, sont restées impénétrables aux influences nouvelles. Les journaux très répandus dans les grandes villes ne sont pas lus dans les campagnes.

Le vote se fait encore, en Portugal, dans les églises et parfois dans les sacristies, quand leurs dimensions le permettent. Chaque paroisse constitue une section. Il y a de cela quelques années, en 1884, une rixe éclata dans l'église de Santa Engracia, pendant qu'on procédait au vote, et des coups de couteau furent échangés. L'église fermée aussitôt, par ordre du patriarche, fut solennellement purifiée puis rendue au culte.

Dans ces conditions, les élections qui eurent lieu à Lisbonne, grande ville éclairée, active, dont le commerce et l'industrie sont une des principales ressources du royaume, où les journaux sont très lus et contribuent à former l'éducation politique du peuple, ont revêtu, on le comprend, une grande importance, et le gouvernement a dû les considérer tout autrement que celles des autres villes du Portugal.

Les trois députés républicains de Lisbonne sont des figures politiques connues au Portugal. M. Elias Garcia a dirigé la politique électorale du parti républicain. Il est professeur à l'école militaire de Lisbonne et colonel du génie. M. Elias Garcia fait partie depuis vingt-cinq ans du conseil municipal de Lisbonne et a donné, à maintes reprises, des preuves de son talent et de son habileté politiques.

M. Latino Coelho est un orateur et un écrivain très distingué. De plus, comme son collègue M. Elias Garcia et beaucoup d'hommes politiques en Portugal, il est professeur à l'école polytechnique de Lisbonne et général du génie ; M. Latino Coelho s'est beaucoup occupé de littérature et de journalisme. Il écrit actuellement dans le journal *O Seculo* de Magalhaès Lima. L'académie des sciences, dont il est le secrétaire perpétuel, l'a chargé de diriger les travaux nécessaires à l'élaboration d'un grand dictionnaire de la langue portugaise. M. Latino Coelho a été ministre de la marine et des colonies en 1869.

Le troisième député républicain de Lisbonne, M. Manuel d'Arriaga, dont nous avons déjà parlé, est né aux Açores. Avocat de grand talent, possédant un esprit vigoureux et une éloquence fougueuse, c'est le tribun du parti. Nul ne s'entend mieux que lui à électriser les foules. Il partage ce don avec Magalhaès Lima qui dirige *O Seculo.*

Le succès des leurs encouragea beaucoup les républicains et leurs journaux attaquèrent vivement le Gouvernement et le Roi. Il y a peu de pays où la liberté de la presse soit tolérée comme en Portugal. Les journaux attaquent non seulement les hommes marquants, qui détiennent le pouvoir, mais le Roi lui-même et les membres de la famille royale. On reproche à Dom Carlos son origine, sa parenté avec la Reine d'Angleterre, on le traite d'être inutile, de bellâtre. Nous citerons quelques lignes publiées par un journal pour donner une idée de la polémique en Portugal. Voici ce qu'écrivait dernièrement la *Patria* en tête de ses colonnes :

« Attendu que le Roi est beau, mais que la nation a besoin d'hommes de talent et de capacité et non de dandys ;

« Que le Roi est manifestement ignorant et inhabile et indubitablement poltron ;

« Que les droits divins et l'hérédité sont aujourd'hui abolis par la raison et la dignité humaines ;

« La nation portugaise secouant enfin le joug, demande que le Roi s'en aille et qu'on lui donne ses passeports pour l'Angleterre. »

Ceci est le ton ordinaire sur lequel les journaux

républicains parlent du Roi. La presse républicaine cite sans cesse l'exemple du Brésil en exhortant le Portugal à l'imiter, et en disant que si les députés républicains ne sont que trois à la Chambre, il n'y avait au Parlement brésilien qu'un républicain, ce qui n'a pas empêché le Brésil de proclamer la République.

Il n'y a peut-être pas, en Europe, de pays où la liberté soit aussi largement comprise qu'en Portugal. Le langage des journaux d'opposition en est la preuve par lui-même. La monarchie n'a rien d'autoritaire ni de tyrannique. Les républicains n'ont guère à formuler de programme qui puisse rallier autour d'eux les patriotes, ou du moins leur programme n'a pas de dissemblances radicales avec celui des monarchistes, au point de vue des institutions et des réformes à accomplir. Il est bien difficile de faire faire un pas nouveau à la liberté, dans un pays où il est permis de signer tous les jours, sans être inquiété, des articles de journaux comme ceux dont nous venons de donner des extraits, et où la liberté de réunion, sauf en cas de menées séditieuses pouvant troubler gravement l'ordre et la sécurité publique, est absolument garantie par la loi.

Les républicains portugais ne peuvent donc pas réclamer la liberté qu'ils possèdent et dont ils se servent pour demander la suppression d'une monarchie trop coûteuse. Aussi, ont-il essayé de tirer parti du mouvement qui s'est manifesté dans la nation à la suite du conflit anglo-portugais. Ils ont rappelé la parenté de Dom Carlos avec la Reine Victoria, et ils se sont efforcé d'associer la monarchie à l'idée de faiblesse et de déchéance de la nation, la rendant responsable de l'affront infligé par l'Angleterre et qui avait été si profondément ressenti par le peuple portugais.

C'est ainsi que le procédé de Lord Salisbury qui a appliqué sans vergogne vis-à-vis des Portugais la loi du plus fort, a tourné au profit du parti républicain en Portugal. Les journaux républicains de Lisbonne discutent tous les jours les meilleures formes de république. C'est escompter trop vite l'avenir, mais si la monarchie a encore des racines profondes dans le pays, en revanche, il est impossible de nier qu'il existe aujourd'hui un parti républicain, en Portugal, et que ce parti doit, sinon son existence, du moins son extension à la politique de l'Angleterre.

CHAPITRE VI

SOMMAIRE. — Premiers travaux de la Chambre. — Les républicains et l'opposition. — Les décrets du gouvernement. — Loi des bouchons. — Armements en Portugal. — Les négociations avec l'Angleterre continuent.

Peu de temps après les élections, les Chambres furent convoquées en session extraordinaire. Les premiers travaux du Parlement ne marquèrent rien de bien intéressant. Selon la coutume, la Chambre commença par élire une liste de cinq membres, parmi lesquels le Roi devait choisir un président. Ce fut le capitaine de frégate Ferreira d'Almeida, député de Faro, que le sort choisit pour présenter au Roi la liste. Dom Carlos désigna comme président M. Pedro de Carvalho, député du district de Ponte-Delgada (île de San Miguel).

L'opposition essaya d'attaquer le gouvernement, mais sans succès. L'usage, en Portugal, est qu'au commencement de chaque législature les membres du Parlement renouvellent leur serment de fidélité au Roi et à la Constitution. Cette formalité eut lieu comme d'habitude. Aussitôt après, M. Manuel d'Arriaga, le député républicain nouvellement élu à Lisbonne, demanda la parole et déposa une motion tendant à l'abolition du serment politique. Ce n'était pas la première fois que M. Manuel d'Arriaga s'élevait contre cette formalité, mais il n'eut pas plus de succès cette fois que les précédentes, et la Chambre, malgré son fort beau discours, rejeta sa motion.

Un autre député, M. Emygdio Navarro, qui manie aussi bien la plume que la parole, et qui, dans les journaux, avait mené une campagne acharnée contre l'Angleterre, interpella ensuite M. Hintze-Ribeiro, ministre des affaires étrangères, sur les négociations entamées avec l'Angleterre, et demanda au ministère de publier toutes les pièces diplomatiques relatives au conflit anglo-portugais. Ces pièces avaient, paraît-il, été publiées en Angleterre ; mais le *Livre bleu*, imprimé en langue anglaise, ne pouvait dispenser de publier la version portugaise.

M. Hintze-Ribeiro répondit par un long discours à l'interpellation de M. Emygdio Navarro. Il rappela les négociations qui avaient eu lieu, entre le Portugal et l'Angleterre, sous son prédécesseur, et dit que tous les actes diplomatiques échangés entre M. Barros Gomez et lord Salisbury, avant la chute de l'ancien ministère, allaient être imprimés incessamment par les soins du gouvernement et livrés à la publicité. Quant aux négociations pendantes actuellement entre le gouvernement et l'Angleterre, il demandait l'autorisation de ne pas encore les faire connaître. Livrer à la publicité les actes échangés entre le gouvernement portugais et le Foreign Office serait, dit M. Heintze-Ribeiro, compromettre le succès des négociations entamées et faire perdre au ministère portugais tout le fruit de ses efforts. Il y a des correspondances diplomatiques qu'il est impossible de publier, surtout en un moment aussi critique.

Le ministre des affaires étrangères déclara cependant que les négociations étaient en bonne voie.

Les bruits répandus, et qui tendaient à laisser supposer que le gouvernement avait fait de nouvelles concessions, n'étaient pas fondés.

Aucune concession nouvelle n'avait été faite par le gouvernement portugais, en dehors des exigences impérieuses de l'*ultimatum* du 10 janvier. Quant au retrait des troupes qui avaient occupé les territoires contestés, et qui avait été opéré à la suite de l'*ultimatum*, il n'impliquait nullement la renonciation du Portugal à ses droits sur ces territoires, et n'avait eu pour but que de permettre de reprendre les pourparlers avec l'Angleterre, en vue d'arriver à une entente qui ne pouvait tarder à se faire.

La majorité se rallia à l'opinion du ministre et la Chambre commença la discussion de la réponse au discours de la Couronne.

D'habitude ce débat ne provoque pas d'éclats passionnés ; mais cette année les républicains intervinrent dans la discussion, qui fut assez mouvementée. M. Manuel d'Arriaga prononça à la tribune un grand discours qui tendait à l'abolition de la monarchie. Ce discours du député de Lisbonne laissa froids les membres du Parlement, malgré le talent incontestable et la verve communicative de l'orateur. M. Manuel d'Assumpçon, un des orateurs les plus brillants du parti régénérateur, répondit à M. Manuel d'Arriaga, aux applaudissements de l'assemblée, et les choses en restèrent là.

Voyant qu'au Parlement leurs efforts restaient vains, les républicains reprirent leur campagne d'opposition par la voie des journaux et des réunions publiques en faisant vibrer la corde patriotique du peuple.

La haine contre l'Angleterre était et est restée plus vivace que jamais dans le cœur des Portugais.

Les moindres épithètes que l'on accole au nom des Anglais sont celles de pirates et de bandits. Quand un vol ou un crime est commis quelque part, les journaux en font le récit qu'ils intitulent « une inglezade ». Les livres sterling, qui abondent, en

Portugal, ont été baptisées du nom de *Ladras* (voleuses).

Si vous vous promenez à Lisbonne, et que vous vouliez acheter un journal à un des nombreux gamins, qui déambulent du matin au soir à travers les rues, par tous les temps, il vous toisera en voyant que vous êtes étranger et vous demandera : « *E Inglez, o senhor ?* » Si vous répondez : « Não, sou Francez, » il vous tendra son journal en souriant, sinon il vous tournera le dos et se sauvera.

Le portrait du major Serpa Pinto, en uniforme, se trouve partout, sur les murs, dans les magasins, dans les bateaux, dans les gares de chemins de fer. Il illustre les mouchoirs de poche, les épingles de cravate ; il figure sous forme de nougat ou de sucre filé à la devanture des confiseurs ; il contribue à enrichir les industriels habiles qui placent leurs produits sous les auspices du major et inondent la capitale de leurs réclames illustrées.

Serpa Pinto n'est plus seulement un personnage célèbre, il est devenu un héros populaire. Les Portugais se plaisent à revoir en lui l'ombre des grands navigateurs, qui couvrirent autrefois leur pays de gloire et portèrent la domination portugaise aux quatre coins du monde. C'est pour eux une consolation de penser que, si la patrie a perdu aujourd'hui sa puissance passée, du moins elle peut donner naissance à des hommes dignes de marcher sur les traces de leurs glorieux prédécesseurs.

Dans la plupart des villes de Portugal et jusque dans les villages les plus éloignés, on a donné le nom de Serpa Pinto à des rues et à des places. Partout on lui a offert des banquets, on lui a fait des ovations, et, dans les discours qu'on lui adresse, on ne manque jamais de lui rappeler que sa belle conduite a rendu confiance à la patrie, et que désormais les Portugais ont le droit d'espérer que leur pays pourra reconquérir un jour une partie de sa grandeur perdue.

Le nom de Serpa Pinto a résonné comme un coup de clairon, qui a réveillé le Portugal d'un bout à l'autre. Les Portugais se rendent enfin compte de leur faiblesse et du terrible ascendant que l'Angleterre a su conquérir sur eux. Ils comprennent que les hommes d'Etat anglais, en entretenant des relations avec le Portugal depuis des siècles, n'avaient d'autre but que de l'asservir et de l'amener à ne pouvoir se passer de l'aide et de l'assistance de l'Angleterre.

Ce qu'ils prenaient pour de la sympathie, de la part de l'Angleterre, n'était, en réalité, que de l'intérêt, et non pas l'intérêt d'un peuple ami, qui ne voit dans les relations commerciales qu'il entretient avec un autre qu'un moyen d'enrichir les deux nations, par l'échange réciproque de leurs produits, mais l'intérêt égoïste et rapace, qui consiste à accaparer par des traités toute la production d'un pays, à l'empêcher systématiquement d'avancer dans la voie du progrès, afin de le maintenir en état de vasselage et d'en tirer tout ce qu'il peut donner.

Voilà pourquoi le Portugal ressent aujourd'hui une haine aussi violente pour l'Angleterre et pourquoi cette haine se manifeste, à chaque instant, dans toutes les classes du peuple.

Lorsque de pareils sentiments sont aussi profondément ancrés au cœur d'une nation, ils peuvent devenir une arme puissante aux mains d'un parti politique habile. Les républicains se rendirent compte que là était la corde sensible qu'il fallait toucher pour soulever le peuple. Ils se mirent à l'œuvre, et bientôt les manifestations publiques et les troubles recommencèrent. La police dut chaque jour intervenir pour rétablir l'ordre.

La situation du ministère devenait difficile. Disposant de la majorité au Parlement, il résolut d'avoir recours à des mesures de répression, et le journal officiel publia des décrets, restreignant le droit de réunion et la liberté de la presse, en retirant au jury le droit de connaître des délits de presse, pour l'attribuer aux tribunaux correctionnels.

Ces mesures eurent pour effet d'exaspérer l'opposition et les républicains. Les attaques continuèrent de plus belle. Le journal progressiste *O Dia*, très lu à Lisbonne et dirigé par Antonio Ermès, qui est aujourd'hui ministre de la marine, fit chorus avec les feuilles républicaines.

Il nous paraît curieux de reprodruire un manifeste que le journal *Os Debates* publia en tête de ses colonnes, au lendemain des décrets.

On pourra juger par ce morceau du ton de la polémique en Portugal.

Voici le texte de ce manifeste :

« Aujourd'hui le Roi Dom Carlos et son Gouvernement ont étranglé la liberté, en s'imaginant, comme Charles X et ses ministres, qu'ils allaient ainsi sauver la monarchie.

« Ils ont supprimé la liberté de la presse, sans penser qu'en bâillonnant le journalisme, ils allaient déchaîner l'imprimerie clandestine.

« Ils ont supprimé le droit de réunion et d'association, sans voir qu'ils allaient du même coup faire éclore toute une floraison de sociétés secrètes.

« Ils ont, au nom de la haine et des intérêts de la couronne, biffé les lois les plus libérales de ce pays, sans souci de cet enseignement de l'histoire que, toujours, la suppression de la liberté est le prologue des révolutions sanglantes et terribles, au cours desquelles les opprimés se vengent par le fer et par le feu de l'oppression qu'ils ont subie.

« Le parti républicain, le parti libéral a été mis ainsi hors la loi.

« De la grande route de la propagande où il cheminait tranquillement, au mieux des intérêts de la patrie, le Roi et le Gouvernement l'ont précipité dans les sentiers ténébreux de la conspiration.

« Le devoir de tous les libéraux est de relever ce défi imprudent et impudent. Sans liberté, pas d'ordre, pas de garanties pour les intérêts de la patrie et des citoyens.

« Conspirons donc pour la patrie et pour la liberté. »

Le même journal adresse à ses lecteurs l'appel suivant :

« QU'ON Y SONGE !

« Les ordonnances d'aujourd'hui sont signées par les *individus* dont les noms suivent :

« Dom Carlos de Bragance (le Roi).

« Antonio de Serpa Pimentel.

« Lopo Vaz de Sampaïo e Mello.

« Joao-Ferreira-Franco-Pinto-Castello Branco.

« Joao-Marcellino Arroyo.

« Ernesto-Rodolfo Hintze-Ribeiro.

« Frederico-Gusmao Correa Arouca.

« N'oublions pas ces sept *patriotes*. Ils sont dignes de la reconnaissance de la patrie.

« Au peuple de trouver le moyen de leur témoigner convenablement sa reconnaissance. »

Les décrets du Gouvernement furent appelés par l'opposition « Loi des bouchons ». Le bouchon de vint l'emblème de protestations des républicains. Les élégants portaient un petit bouchon en guise de breloque, les femmes s'en faisaient une agrafe de manteau, les gens du peuple attachaient une demi-douzaine de bouchons à leur ceinture.

Un calme relatif se rétablit néanmoins à Lisbonne et dans le royaume. Les réunions publiques cessèrent et la plupart des associations, au sein desquelles étaient distribués des écrits contenant des attaques contre les institutions politiques du royaume, furent dissoutes.

Cependant le ministère avait hâte de se décharger de la lourde responsabilité qui pesait sur lui et le président du conseil porta la question des décrets devant les Chambres. Ce fut la Chambre des députés qui aborda la première la discussion relative à ces décrets.

La bataille fut rude et dura treize jours. Presque tous les orateurs connus prirent part à la discussion. Les républicains conjurèrent l'Assemblée de ne pas ratifier les décrets et de ne pas porter une atteinte des plus graves aux droits sacrés de la nation, en créant un précédent aussi funeste. Désormais aucun citoyen ne pourrait être sûr de se trouver à l'abri des atteintes d'un gouvernement autoritaire, peux soucieux des libertés si chèrement acquises par la nation et au prix de tant de sacrifices. Encourager le Gouvernement dans cette voie, fermer toute issue au mécontentement populaire, en l'arrêtant dans toutes ses manifestations, c'était jeter le peuple dans la voie des complots et des conspirations. Ceux qui voteraient les décrets assumeraient une lourde responsabilité vis-à-vis des patriotes que l'on cherchait à bâillonner. Leurs noms resteraient gravés dans la mémoire du peuple et un jour, à son tour, il pourrait se venger d'une façon sanglante de ceux qui n'avaient pas craint de le dépouiller de ses droits et de ses libertés les plus sacrées.

Les progressistes, tout en étant plus modérés, se montrèrent tout aussi hostiles aux décrets et protestèrent au nom de leur parti contre ce qu'ils considéraient comme un abus de pouvoir.

Le président du conseil répondit en faisant appel à la sagesse et au patriotisme des députés. Il dit que la patrie traversait une crise douloureuse et qu'elle avait besoin de calme pour en sortir indemne. Avant tout, pour pouvoir traiter avec l'Angleterre et soutenir victorieusement les droits du Portugal, il fallait un gouvernement fort, soutenu par la nation. Il exhorta les membres de l'Assemblée à ne pas diviser le pays, au moment où il avait besoin de toutes ses forces réunies, pour faire face au grand péril qui le menaçait. Les décrets n'avaient d'autre but que de prévenir les troubles, qui discréditaient le Portugal aux yeux de l'Europe et empêchaient toute intervention des puissances en sa faveur. Il fallait se montrer résolus mais calmes en face du danger. Le salut ne pouvait naître que de l'union et de l'effort commun de tous les hommes de bonne volonté. M. de Serpa Pimentel terminait en priant les députés de confirmer les mesures que lui et ses collègues avaient cru devoir prendre dans l'intérêt de la patrie.

La Chambre ratifia à une grande majorité les décrets du gouvernement. Il restait encore au ministère à obtenir l'approbation de la Chambre des pairs. Mais là il n'y eut, pour ainsi dire, pas de résistance. L'opposition n'essaya de protester que pour la forme, et le bill d'indemnité fut voté à une majorité tout aussi forte qu'à la Chambre des députés.

Il est intéressant de relever la discussion qui eut lieu à la Chambre des pairs pour le projet qui avait pour but la défense du pays et qui faisait partie des mesures extra-constitutionnelles dont le gouvernement avait pris l'initiative.

Sur le parcours de l'estuaire du Tage, depuis la ville jusqu'à la mer, il y a, actuellement, trois forts principaux qui, de la rive droite, surveillent l'entrée des navires. Ce sont les forts de Saint-Julien, de Caixias et de Monsanto. En outre, Lisbonne est défendue par le fort de Belem, situé au pied de la tour célèbre construite par le Roi Jean II.

Cette tour de Belem est une des plus jolies choses

que l'on puisse voir. Elle découpe, sur le bleu du ciel, ses créneaux et ses tourelles en poivrière. Quant à la forteresse, elle a un air riant qui fait oublier complètement les terribles engins de guerre qu'elle renferme. Le vent a apporté là les grains d'une plante grasse qui a envahi le rocher et croît à profusion, de tous côtés, ensevelissant le fort sous un tapis de feuillage et de fleurs, et les gros canons eux-mêmes qui dorment sur les remparts, ont un aspect débonnaire au milieu de la verdure qui les encadre.

On raconte que les canons de Belem n'ont encore servi qu'une fois jusqu'ici. Voici dans quelles circonstances :

C'était pendant la guerre de sécession. Le capitaine d'un corsaire américain, ayant besoin de faire relâche, était entré dans les eaux du Tage, armé de pied en cap. La douane, postée à Belem, lui fit en vain des signaux. Il n'y répondit pas. Les artilleurs du fort lui envoyèrent alors quelques boulets. L'équipage du navire voulait riposter, mais le capitaine s'y opposa :

« Je m'en voudrais, dit-il, de détériorer un aussi joli monument. »

Désormais Belem sera sérieusement armé. Ses batteries seront augmentées ainsi que celles des forts de Saint-Julien, de Caixias et de Monsanto qui existaient déjà. De plus, on construira sur la même rive du Tage trois forteresses nouvelles : Lagoal,

San-Gonzalo et Medroza, et du côté gauche du fleuve, faisant face aux premières, deux forts, Briellaz et Raposeira. Enfin, sur cette même rive gauche, on poussera activement les travaux du fort d'Alpenna, qui sont déjà en cours d'exécution.

Tous les ouvrages nouveaux, ainsi que les anciens, seront garnis de canons de gros calibre et du système le plus nouveau, de façon à tenir les navires ennemis à une distance respectueuse. Les Portugais connaissent la puissance navale de l'Angleterre, ils se rappellent le bombardement récent d'Alexandrie, qui mit l'Égypte à la merci des Anglais, et ils ne veulent pas apercevoir un beau matin, en se réveillant, l'escadre anglaise mouillée dans le Tage, en face de Lisbonne.

Bien que cette double ligne de forts constitue un formidable ouvrage de défense, suffisant pour empêcher toute surprise, on a décidé de compléter ces travaux militaires par une œuvre monumentale par excellence, l'armement et le blindage des plates-formes de la tour de Bugio.

Bugio est un îlot rocailleux, situé en plein Océan, par delà les limites de l'embouchure du Tage, tandis que le fort de Saint-Julien est en deçà. Cet îlot va être recouvert de casemates, armé de coupoles tournantes, de batteries à longue portée, et cuirassé de tous les côtés.

Les ingénieurs militaires, qui ont construit les

plans de cet îlot fortifié, en ont fait une véritable carapace de fer, qui sera absolument imprenable. La forteresse de Bugio, telle qu'elle va être construite, pourrait, à elle seule, suffire à défendre l'entrée de l'estuaire du Tage. De plus, le fond des passes de la barre sera semé de torpilles dormantes et automobiles, qu'aucune flotte au monde ne pourra braver.

Tous ces travaux émanent de la commission supérieure de guerre portugaise. L'officier supérieur qui a défendu, devant la Chambre des pairs, le système de défense que nous venons d'exposer est le lieutenant-colonel Cypriano Jardim, qui a aussi proposé d'autres améliorations essentielles, telles que la création d'écoles de sous-officiers, similaires des écoles françaises de Saint-Maixent et de Versailles.

Le lieutenant-colonel Jardim a insisté, en outre, dans son discours devant la Chambre des pairs, sur la nécessité de donner tous les soins qu'elle comporte à la cartographie militaire et d'organiser un dépôt de documents topographiques, à l'usage des militaires de tous grades. Il a rappelé que les Allemands, en 1870, avaient malheureusement dû leur succès à la connaissance exacte des lieux et à la façon complète dont ils avaient étudié le terrain du combat, qu'ils connaissaient mieux que les Français eux-mêmes. En terminant, l'orateur a demandé que l'on perfectionnât les chemins de fer stratégiques et que l'on augmentât le personnel militaire de ce service. Il est inutile de dire que tous les projets d'armement ont été votés, presque sans discussion, aux deux Chambres.

La session du Parlement, qui avait commencé au mois d'avril, devait finir au mois de juillet. Cependant, comme le budget n'avait pas encore été voté, la session fut prolongée. Le système financier du Gouvernement reposait sur deux mesures capitales : l'adjudication du monopole des tabacs et l'impôt additionnel de 6 o/o sur le principal des quatre contributions. Les conclusions du rapporteur de la commission du budget furent en tous points conformes au projet du ministère ; néanmoins, ce projet fut vivement combattu à la Chambre. M. Castello Branco, ministre des finances, dut lui-même prendre part aux débats, à plusieurs reprises, pour défendre son système, et ce n'est que grâce à son intervention que la majorité de la Chambre vota le budget.

Tandis que ces discussions avaient lieu au Parlement, M. Hintze-Ribeiro, le ministre des affaires étrangères, poursuivait, dans le plus grand mystère, ses négociations avec l'Angleterre. M. Barjona de Freitas, ministre plénipotentiaire de Portugal à Londres, le secondait de son mieux dans cette tâche, tout en gardant sur le résultat de ses négociations un silence absolu. C'est à peine si, par des indiscrétions commises en Angleterre, on savait que le différend était sur le point d'être réglé.

On disait vaguement, à Lisbonne, que l'Angleterre réclamait les régions des Matabelles et des Machonas, ainsi que le pays qui s'étend sur les bords du Chiré, au nord de son confluent avec le Ruo. De plus, elle exigeait que la navigation fût libre sur les eaux du Zambèze, de façon à lui permettre d'écouler les produits de ses possessions intérieures vers la mer. Le seul point qui restait à régler, disait-on, était la question de la station de Blantyre, dont l'Angleterre revendiquait à tout prix la possession, alors qu'elle était manifestement enclavée dans le territoire portugais.

Mais tous les bruits qui circulaient en ville n'avaient rien d'officiel. C'étaient des on-dit. En réalité, on ne sut rien, en Portugal, sur les négociations engagées entre M. Hintze Ribeiro et lord Salisbury, jusqu'au jour où l'on apprit que le conflit venait d'être définitivement tranché, à Londres, par le traité conclu le 20 août.

CHAPITRE VII

SOMMAIRE. — Le traité du 20 août. — Chute du ministère Serpa Pimentel. — Crise ministérielle. — La maladie du Roi. — M. de Martens Ferrao. — Le général de Abreu e Souza.

Nous allons résumer le traité qui avait été signé le 20 août, à Londres, par lord Salisbury et M. Barjona de Freitas, plénipotentiaire du Portugal.

Les territoires sur lesquels, d'après ce traité, la Grande-Bretagne reconnaissait l'action du Portugal, étaient limités, au nord de l'Afrique orientale, par le cours du Rovuma, le confluent de cette rivière avec le Msinge et le parallèle qui passe par ce point jusqu'aux bords du lac Nyassa, lesquels étaient attribués au Portugal jusqu'au 13°30 de latitude sud. A partir de ce point, la limite des possessions portugaises suivait la direction ouest jusqu'aux bords orientaux des lacs Tschiuta et Chilwa, et de l'extrémité ouest de celui-ci jusqu'à l'affluent le plus oriental du Ruo, dont le cours formait la frontière jusqu'au confluent de cette rivière avec le Chiré. De ce point, une ligne droite était tirée jusqu'à mi-chemin entre la ville de Teté et les chutes de Caroa Bassa.

De là jusqu'à Zumbo, le cours du Zambèze formait la limite entre les possessions portugaises et les possessions anglaises. Zumbo restait portugais avec une zone, dont il formait le centre, et qui avait dix milles de rayon sur la rive gauche du Zambèze. Au sud, la ligne limite partait de l'extrémité occidentale de cette zone jusqu'au parallèle 16 de latitude sud, qu'elle suivait jusqu'au 51° de longitude, pour dévier ensuite jusqu'au point d'intersection du Mazoc et du méridien 53 avec lequel elle se confondait jusqu'au parallèle 18,30. Elle se prolongeait ensuite avec celui-ci, vers l'occident, jusqu'au Masheke et au Save, en suivant ce fleuve jusqu'à son confluent avec le Lunde. De ce point, une ligne droite allait rencontrer l'extrémité nord-est du Transwaal, en suivant ensuite les frontières orientales de cet État et le Swaziland, jusqu'au confluent du Pongola avec le Mapouta et de là, en suivant la même latitude, jusqu'à la mer.

Dans l'Afrique occidentale, l'Angleterre reconnaissait que la colonie portugaise d'Angola pourrait considérer comme limites orientales le haut Zambèze, ou Liambi et le Cabompo. Le gouvernement de la Grande-Bretagne ne s'opposait pas à ce que le

Portugal étendît son influence sur tous les pays du Mouata Sauvo, qui au nord-ouest du haut Zambèze s'étendent jusqu'aux frontières de l'État du Congo.

De son côté, le Portugal reconnaissait à l'Angleterre les territoires qui sont situés entre les limites qui viennent d'être indiquées; l'Angleterre reconnaissait, par ce même traité, au Portugal, le droit d'établir des chemins de fer et des télégraphes sur une zone qui devait former dans l'avenir la liaison entre les provinces portugaises de Mozambique et d'Angola.

Tandis que les Portugais pouvaient justement revendiquer une immense bande de terrains, qui allait de la province de Mozambique située sur les bords de l'océan Indien, à celle d'Angola, qui s'étend sur les bords de l'océan Atlantique, le traité du 20 août coupait en deux ces possessions, séparant le Mozambique de l'Angola et attribuant à l'Angleterre les territoires ainsi arrachés au Portugal.

Le Zambèze et le Chiré étaient ouverts au commerce international, le Pungué était ouvert au commerce anglais.

Le traité consacrait un principe très important en droit international : les deux Gouvernements s'obligeaient à recourir à l'arbitrage, pour la solution de tous les points litigieux, auxquels le traité pourrait donner lieu.

Ce traité ne devait pas avoir force de loi avant d'avoir été approuvé par le Parlement du Portugal.

En somme, l'Angleterre ne renonçait à aucune des prétentions qu'elle avait émises au mois de janvier. Au contraire, elle les aggravait. En janvier elle ne réclamait que les territoires qui s'étendaient à l'ouest du lac Nyassa, ainsi que la libre navigation sur le Zambèze. Le traité du 20 août lui accordait tout cela et, de plus, d'immenses territoires au sud du Zambèze, habités par les Matabelles et les Machonas et sur lesquels le Portugal avait des droits incontestables.

La libre navigation sur le Zambèze séparait les possessions portugaises de l'Afrique orientale. En exigeant que cette clause figurât dans le traité du 20 août, lord Salisbury savait qu'il portait un coup terrible à l'influence des Portugais en Afrique et, prévoyant que ce serait l'origine de l'affaiblissement du Portugal dans ces régions, il insérait dans le traité un article, en vertu duquel, si le Portugal voulait se défaire de ses possessions au sud du Zambèze, il ne pourrait le faire sans le consentement préalable de l'Angleterre.

L'accueil que les Portugais firent au traité du 20 août fut des plus hostiles.

Les journaux républicains parurent encadrés de noir. Les feuilles progressistes attaquèrent vigoureusement le traité et le ministère. O *Tempo*, rédigé par M. Carlos Lobo d'Avila, exécuta, un des premiers, une charge à fond contre les signataires du traité. Les manifestations recommencèrent. A Lisbonne, la police ayant voulu disperser des attroupements tumultueux qui s'étaient formés sur la place Dom-Pedro, fut attaquée par le peuple. Les agents voulurent arrêter les mutins ; accablés sous une grêle de pierres, ils ripostèrent par des coups de revolver. La garde municipale accourut. Les émeutiers s'étaient réfugiés dans un café déjà rempli par la foule, où se trouvaient plusieurs députés et des journalistes. La troupe lancée à la poursuite des fuyards s'arrêta devant le café, mais plusieurs coups de feu partirent de ses rangs et blessèrent ceux qui étaient à l'intérieur. Un grand nombre d'arrestations furent opérées.

A Porto on organisa un grand meeting d'indignation, où l'on adopta les résolutions les plus énergiques contre le traité. On manifesta dans les rues, comme à Lisbonne, et la force armée dut intervenir.

Les journaux anglais tenaient un langage révoltant, raillant les manifestations du peuple portugais, ce qui jetait de l'huile sur le feu à Lisbonne.

Le *Standard* écrivait ces lignes : « La tempête « dans un verre d'eau, qui agite Lisbonne, n'empê- « chera pas l'Angleterre d'accomplir, dans les colo-

« nies portugaises et même sur le territoire conti-« nental portugais, tout ce que lui commanderont « ses intérêts. » On lisait dans un autre journal de Londres : « Le seul risque couru par l'Angleterre, à « cette heure, c'est la guerre avec le Portugal et par « conséquent l'annexion de la baie Delagoa. »

Quelque temps auparavant, dans la convention anglo-allemande, lord Salisbury avait permis qu'entre l'extrémité septentrionale du lac Nyassa et l'Ouganda, un coin des possessions allemandes s'enfonçât dans l'intérieur, jusqu'aux frontières de l'État libre du Congo, et vînt rompre la chaîne des lacs et des bandes de terre qui devait relier les colonies anglaises du Cap aux sources du Nil.

C'était une faute qui fut critiquée en Angleterre. Aussi, lors de la convention du 20 août, lord Salisbury voulut la réparer. Il est vrai que cette fois il n'avait pas devant lui le puissant empire d'Allemagne, mais le petit royaume de Portugal. Ceci peint bien le caractère des Anglais, arrogants avec les faibles, humbles avec les forts.

Aux provocations de la presse anglaise, le journal *Novidades* répondait : « Tout est préférable à l'adop-« tion de la convention anglo-portugaise, tout, « même la rupture avec l'Angleterre, même la rup-« ture avec le gouvernement. » La Société de géographie de Lisbonne publiait une éloquente protestation contre « l'offense imméritée et brutale de

« l'Angleterre. » Cette protestation concluait ainsi :

« C'est donc contre ces faits attentatoires à notre « indépendance séculaire que toutes les nations re- « connaissent, à notre coopération loyale et cons- « tante aux progrès du droit moderne, à nos senti- « ments d'hommes libres et civilisés, de travailleurs « honnêtes et studieux, c'est contre ces faits mons- « trueux, par lesquels une grande nation européenne, « à la fin du XIXe siècle, se montre disposée à re- « prendre le rôle de la vieille piraterie algérienne, « ou des boucaniers des Antilles, que la Société de « géographie de Lisbonne vient, au nom de cette « corporation, déposer, dans le sein de ses sœurs « scientifiques, la protestation la plus positive et la « plus solennelle, en face de la science, de la cons- « cience universelle et de la solidarité de la civilisa- « tion moderne. »

La presse française répondit chaleureusement à l'appel fait par le Portugal. D'ailleurs, la plupart des nations européennes jugèrent sévèrement la conduite de l'Angleterre. Un journal allemand, lui-même, s'indigna contre la politique de lord Salisbury. Voici ce qu'écrivait la *Gazette de Francfort* :

« Le ministre conservateur et national, lord Sa- « lisbury, a fait quelque chose de bien remarquable « en vérité : il a enterré (sic) un royaume et fait « d'un brave petit peuple l'ennemi éternel de « l'Angleterre. Le trône de Bragance est chance-

« lant, et en admettant même que, contre toute « attente, il subsistât, il n'en demeurera pas moins « que les vieux liens d'amitié entre l'Angleterre et « le Portugal sont brisés. »

Le sentiment de réprobation causé par le procédé brutal du gouvernement anglais fut général. Il est impossible, en effet, de ne pas ressentir une sympathie instinctive pour un petit peuple courageux, qui est aux prises avec une grande nation, surtout quand ce petit peuple a eu un grand passé qui ne lui fait sentir que plus douloureusement l'affront subi. L'Europe, malheureusement, se contenta de protester platoniquement et, en ne faisant pas davantage, elle oublia peut-être qu'elle avait contracté une dette de reconnaissance envers le Portugal, à l'époque où les Portugais découvrirent et explorèrent, pour la première fois, les contrées qu'elle vient se de partager aujourd'hui.

Le gouvernement portugais fut effrayé, en voyant l'accueil que la nation faisait au traité du 20 août. Il prévit les difficultés auxquelles il allait se heurter, lorsqu'il s'agirait de faire ratifier le traité par les Cortès, et il résolut de l'adoucir un peu, en modifiant certaines clauses, d'accord avec le gouvernement anglais.

L'article qui stipulait que le Portugal ne pourrait céder ses possessions, au sud du Zambèze, sans obtenir l'autorisation préalable de l'Angleterre, fut remplacé par un autre, aux termes duquel, si le gouvernement portugais cherchait à se défaire de ses possessions, il devait donner la priorité à l'Angleterre. Au fond, c'était la même chose, mais cette modification paraissait avoir été faite pour ménager la susceptibilité des Portugais et rendre la clause du traité moins humiliante pour eux.

Un autre article du traité, qui donnait à l'Angleterre le droit de nommer l'ingénieur, chargé de faire les études préliminaires, pour le tracé du chemin de fer qui devait relier les colonies portugaises de l'est de l'Afrique à celles de l'ouest, fut supprimé. Le choix de cet ingénieur devait être conféré, d'après le nouvel arrangement, à un pays neutre.

Ces modifications insignifiantes, et qui ne changeaient rien au traité, n'avaient pour but que de faire croire au peuple et aux députés que l'Angleterre, tenant compte des protestations des Portugais, avait accepté de faire des concessions, et d'atténuer ainsi les procédés brutaux de sa politique.

Mais le peuple portugais comprit qu'on cherchait tout bonnement à lui dorer la pilule qu'il ne voulait pas avaler, et ces mesures produisirent un effet contraire à celui qu'en attendait le gouvernement. On accusa le ministère d'être solidaire avec l'Angleterre et de trahir la patrie.

Sur ces entrefaites, un incident nouveau vint encore ajouter aux embarras du gouvernement. Le Roi

Dom Carlos tomba gravement malade. Le jeune souverain est très robuste et jouit d'une excellente santé, mais il se traite un peu trop militairement, comptant sur sa forte constitution, qui a résisté jusqu'ici à toutes les fatigues. Dans les premiers jours du mois de septembre, le Roi s'était rendu en yacht à l'embouchure du Sado, à Setubal, pour y visiter les travaux du port d'Othon, que l'on devait inaugurer en sa présence. Dans la journée, comme il faisait une chaleur suffocante, Dom Carlos demanda un verre d'eau. L'eau qu'on lui apporta était, par malheur, mauvaise et saumâtre. Les personnes qui entouraient le Roi voulurent envoyer chercher plus loin de l'eau potable, et prièrent le souverain d'attendre un instant. Mais Dom Carlos, qui mourait de soif, ne voulut rien entendre, et il avala d'un trait le verre d'eau.

Bien qu'il se sentît indisposé, le Roi voulut que rien ne fût changé au programme, et, pour ne pas troubler la fête, il assista pendant toute la journée, et sous un soleil tropical, à la cérémonie de l'inauguration des travaux. Puis, le soir venu, comme des réjouissances avaient été organisées en son honneur, il tint à rester jusqu'à la fin, malgré la fraîcheur de la nuit.

En rentrant à la Penha, Dom Carlos sentit les premiers symptômes des fièvres paludéennes, qui sont très fréquentes pendant la saison chaude. Son médecin, grâce à un réactif énergique, prévint le mal, et il est probable que le Roi n'eût souffert que d'une légère indisposition, s'il avait observé quelques mesures de prudence. Mais le souverain ne voulut pas écouter les conseils de son entourage, et il commit une grave imprudence.

Un rallye paper ayant été organisé dans la campagne de Cintra, et la Reine Amélie ayant elle-même promis, sur sa cassette particulière, un prix au vainqueur, le Roi, qui est grand amateur de tous les sports et aussi marcheur infatigable, suivit la chasse à pied. Lorsqu'il monta en voiture, avec la Reine, pour prendre la tête du défilé, le soir était venu. Dom Carlos fut saisi par le changement de température, et ressentit une rechute de son mal. Le lendemain même le Roi était obligé de s'aliter et les médecins, appelés à son chevet, constataient chez l'auguste malade l'apparition de la fièvre typhoïde.

La maladie du Roi compliqua encore la situation du ministère, au moment où celui-ci allait se présenter devant la Chambre, pour lui demander de voter le traité du 20 août. Si le Roi avait été bien portant à la veille du 15 septembre, son intervention aurait pu se produire à propos pour empêcher la majorité de se désagréger, et les choses auraient pu prendre une autre tournure.

Ce qui avait fait le plus de tort au ministère, c'est

le silence qu'il avait gardé jusqu'à la fin sur les négociations entamées avec le cabinet de Londres. S'il s'était montré moins mystérieux, s'il avait tenu le Parlement au courant des obstacles et des difficultés qu'il rencontrait à chaque instant, au cours de ses pourparlers avec l'Angleterre, si en un mot il avait paru s'inspirer uniquement de la volonté du pays, en traitant avec le Foreign Office, le résultat des négociations diplomatiques, engagées entre les cabinets de Londres et de Lisbonne, n'eût peut-être pas été beaucoup plus satisfaisant, mais, à coup sûr, le traité qui eût clos ces négociations n'eût pas eu le sort de celui qui fut signé à Londres, le 20 août. Les Portugais auraient compris que le ministère n'avait fait que se plier à une nécessité douloureuse il est vrai, mais absolue, en cédant aux exigences de l'Angleterre, et qu'il lui avait été impossible d'obtenir mieux de la politique de lord Salisbury.

Mais, au lieu de cela, le ministère portugais crut bien faire en tenant le Parlement absolument dans l'ignorance des négociations qui avaient lieu, et en assumant ainsi entièrement la responsabilité de ces négociations. Une pareille attitude ne peut se pardonner que lorsque le résultat final est un succès. M. Hintze Ribeiro a eu le tort de ne pas le comprendre. Qu'il lui ait fallu passer par bien des difficultés, cela est probable ; qu'il ait fait tout son possible pour faire sortir son pays triomphant de la partie qu'il avait engagée, cela est incontestable ; mais quand on prend sur soi seul une partie pareille, on doit la gagner, et M. Hintze Ribeiro l'a perdue.

Ainsi l'avait compris le pays et la majorité du Parlement. L'orgueil national blessé n'admet pas de circonstances atténuantes, et M. Hintze Ribeiro a dû endosser toutes les iniquités d'Israël.

Le 15 septembre était le jour fixé pour la discussion du traité anglo-portugais. Le matin seulement, on avait distribué aux membres du Parlement un *Livre blanc* contenant le texte exact du traité du 20 août, ainsi que les principaux actes échangés entre les cabinets de Londres et de Lisbonne.

Dès le début de la séance, on put comprendre le sort qui était réservé au fameux traité. Lorsque M. Hintze Ribeiro parut au banc des ministres, il fut accueilli par des huées et des sifflets. Le ministre des affaires étrangères voulut prendre la parole, mais voyant qu'il ne parvenait pas à se faire entendre, il donna séance tenante sa démission et se retira.

Ce fut le commencement de la déroute. Aussitôt après le départ de M. Hintze Ribeiro, M. Manuel d'Assumpçon monta à la tribune. Ancien ministre sous les cabinets présidés par Antonio Fontès, orateur ardent et excellent patriote, très considéré en Portugal, M. Manuel d'Assumpçon est un des principaux membres du parti régénérateur, et il avait été, jusque-là, un des plus fermes soutiens du gouvernement. C'est lui cependant qui porta le premier coup au ministère, et ce coup dut être d'autant plus sensible, à M. de Serpa Pimentel et à ses collègues, qu'il venait d'une main amie.

« Fidèles coreligionnaires, amis indéfectibles des hommes qui sont au pouvoir, attachés de cœur à la dynastie de Bragance, dit M. Manuel d'Assumpçon, nous restons invariables dans nos principes ; mais la patrie avant tout ! »

Puis l'orateur attaqua vivement le traité et conjura l'Assemblée de ne pas le voter. Cependant la majorité ne paraissait pas encore décidée, hésitant à renverser le ministère. C'est alors que le major Serpa Pinto, lui-même, monta à la tribune et donna le coup de grâce au gouvernement.

« Longtemps avant que le texte de la convention anglo-portugaise fût présenté à la Chambre, s'écria Serpa Pinto, je répondis au ministre des affaires étrangères, qui s'enquérait de mon attitude, que je tomberais exténué à la tribune, soit pour soutenir le projet, soit pour le combattre... Le texte du traité a été rendu public ; eh bien ! je déclare maintenant que si je suis monté à cette tribune, c'est pour attaquer le traité et le combattre jusqu'à l'épuisement de mes forces. »

Le major Serpa Pinto continua sur ce ton et, quand il eut fini, une triple salve d'applaudissements éclata dans l'Assemblée. La partie était irrémédiable ment perdue pour le Gouvernement. Le traité fut rejeté.

M. Antonio de Serpa Pimentel essaya néanmoins de faire face à l'orage. Il songea à remanier son cabinet, et, pour calmer le peuple de la capitale, il changea le gouverneur civil de Lisbonne, qui s'était montré trop acharné à étouffer l'émeute populaire, et qui fut envoyé à Rio-de-Janeiro, en qualité de ministre plénipotentiaire. Mais les efforts du président du conseil furent vains. Il comprit qu'il n'avait plus qu'à se retirer, comme l'avait fait M. Hintze Ribeiro, et, le 17 septembre, il vint, revêtu de son habit de cérémonie, galonné et chamarré, annoncer au Parlement que le ministère avait donné sa démission.

La situation devenait grave en Portugal. Les deux partis, progressiste et régénérateur, qui gouvernaient à tour de rôle le pays depuis une trentaine d'années, étaient tombés du pouvoir, grâce à la politique de lord Salisbury. Le Roi, gravement malade, ne pouvait consacrer aux affaires toute l'activité que comportait la situation.

Dom Carlos conféra cependant longtemps avec le président du cabinet démissionnaire. Il fit aussi appeler, à Lisbonne, les conseillers d'État absents de la capitale, et les manda auprès de lui, ainsi que les présidents des deux Chambres et les principaux hommes politiques du royaume. L'avis de tous ceux que le Roi consulta fut que personne ne pouvait accepter la convention du 20 août, et que le Portugal devait conclure un nouveau traité avec l'Angleterre.

Le 21 septembre, le Roi se décida à confier la mission de constituer un cabinet à M. de Silva Ferrao de Carvalho Martens, ambassadeur du Portugal près le Saint-Siège. M. de Martens Ferrao, qui fut appelé par dépêche et qui quitta Rome aussitôt, s'était retiré depuis assez longtemps de la politique militante, et il n'appartenait à aucun parti. C'était donc un ministère de conciliation que le Roi Dom Carlos songeait à former, afin de désarmer les partis en lutte et de grouper toutes les forces de la nation, en face du péril qui menaçait la monarchie et le Portugal.

Lorsque M. de Martens Ferrao fut arrivé à Lisbonne, il se rendit à Cintra et conféra avec le Roi, qui lui exposa son désir de voir se grouper, sous sa présidence, les représentants des différents partis politiques du royaume, afin de mettre un terme aux agitations qui avaient lieu à Lisbonne et dans la province.

M. de Martens Ferrao se mit aussitôt à l'œuvre. Mais les efforts qu'il tenta auprès des chefs des différents partis restèrent infructueux. Il eut beau leur exposer les risques auxquels une crise ministérielle prolongée pouvait exposer la Couronne et le pays, il eut beau faire appel à leurs sentiments d'abnégation et de patriotisme, il ne put réussir dans sa tâche.

Seuls M. Casal Ribeiro, ambassadeur à Madrid, un des diplomates les plus habiles du Portugal, et le général de Abreu e Souza, se montrèrent disposés à seconder M. de Martens Ferrao dans sa tentative de conciliation, mais leur concours ne pouvait lui suffire pour mener à bien son entreprise. Au bout de huit jours de pourparlers et d'efforts inutiles, M. de Martens Ferrao se rendit auprès du Roi, à qui il déclara qu'il n'avait pu réussir dans la mission que le souverain lui avait confiée, et qu'il était obligé de renoncer à former un ministère.

La situation devenait de plus en plus critique. Dom Carlos était toujours alité. Les ministres démissionnaires continuaient à gérer les affaires de leurs départements respectifs, mais, privés de toute autorité par leur situation même, ils ne pouvaient prendre de mesures efficaces, pour empêcher les troubles qui se produisaient de toutes parts et rétablir l'ordre. Depuis la chute du cabinet Serpa Pimentel, les Chambres s'étaient donné le mot pour ne pas siéger, faute de nombre. Dans la nation, le mécontentement augmentait. Les républicains s'organisaient et leurs rangs grossissaient chaque jour. La presse étrangère commençait déjà à répandre des bruits alarmants de prétendus complots, tendant au renversement du Roi et à la déclaration de la République.

Le 28 septembre était le jour de fête du Roi et de la Reine Amélie. Ce jour-là, d'ordinaire, a lieu la cérémonie du baise-main. On croyait que Dom Carlos ne pourrait y assister et que la Reine serait obligée de représenter le chef de l'État. Mais, contre les prévisions générales, le Roi put assister à la cérémonie. Le souverain reçut lui-même les hommages de la Cour et du monde officiel. Ce jour-là, il y eut une grande affluence au palais, et la présence du Roi contribua pour beaucoup à rassurer l'opinion publique, sur l'issue de la crise que traversait le pays.

Lorsque M. de Martens Ferrao lui eut annoncé l'insuccès de ses démarches, Dom Carlos appela auprès de lui le général de Abreu e Souza, un des vétérans de l'armée portugaise, connu pour ses opinions modérées, et le chargea de réunir autour de lui les éléments nécessaires pour former un cabinet. Le général devait former un ministère mixte, composé de représentants des partis progressiste, auquel il appartenait, et régénérateur, et qui, laissant de côté les rivalités de parti, ne songeraient qu'à joindre leurs efforts, pour tirer le pays de la passe difficile qu'il traversait.

La tâche que le Roi avait confiée au général de Abreu e Souza était ardue. Déjà M. de Martens Ferrao venait d'échouer, en essayant d'atteindre le même but. Néanmoins le général n'hésita pas à sortir de la retraite politique, où il vivait déjà depuis de longues années, et il se mit aussitôt en devoir d'entamer des pourparlers avec les principaux représentants des deux grands partis politiques du Portugal.

C'est à cette époque que se passa en Afrique un incident qui amena les chefs de parti à déposer les armes et à s'unir dans un but patriotique.

Le 24 septembre, des dépêches annoncèrent que la flotte anglaise était arrivée à Mozambique. M. de Serpa Pimentel télégraphia aussitôt au gouverneur de Mozambique pour l'informer qu'il avait donné sa démission et que le Roi l'avait acceptée. Il engageait néanmoins le gouverneur à recevoir l'amiral anglais et la flotte avec les égards dus à une nation amie. Toutefois, si l'amiral anglais tentait quelque chose de contraire au *statu quo* existant avant la convention du 20 août, le gouverneur devait agir de manière à sauvegarder l'honneur de la nation.

Quelques jours après, des dépêches nouvelles arrivées de Mozambique produisirent un surcroît d'émotion à Lisbonne. D'après ces dépêches, les Anglais avaient forcé l'entrée du Zambèze et leurs canonnières avaient remonté le fleuve malgré les protestations des autorités portugaises. Le bruit se répandit même que les Anglais avaient débarqué et qu'après avoir occupé les régions qui se trouvent sur les rives du Zambèze, et dont la possession avait fait l'objet de leurs revendications, ils avaient poussé une pointe jusqu'à la station de Manica, située sur le territoire portugais et sur laquelle l'Angleterre avait elle-même expressément reconnu les droits du Portugal, dans le traité du 20 août.

Voici, en réalité, ce qui s'était passé:

Au lendemain de la signature du traité du 20 août, et sans même attendre que ce traité fût ratifié par les Cortès, lord Salisbury demanda au gouvernement portugais d'autoriser des canonnières anglaises, qui se trouvaient à Zanzibar, à remonter le cours du Zambèze, pour se rendre dans les eaux du Chiré. Le Foreign Office invoquait l'article 12 du traité, qui cependant n'avait encore aucune valeur. Cet article était rédigé comme suit:

« La navigation du Zambèze et du Chiré, sans exception d'aucun des embranchements ni issues de ces fleuves, est et demeure entièrement libre pour les navires de toutes les nations. »

Le gouvernement anglais insistait pour obtenir, au plus tôt, l'autorisation demandée, alléguant qu'après la signature du traité, il était impossible que le Portugal considérât comme une offense l'entrée des canonnières anglaises dans le Zambèze et le Chiré.

M. Hintze Ribeiro, alors ministre des affaires étrangères, s'opposa à ce que les canonnières entrassent dans le Zambèze avant que le traité ne fût ratifié par les Cortès. Jusque-là, disait M. Hintze Ribeiro, le traité n'avait aucune valeur et par conséquent l'Angleterre ne pouvait invoquer l'article 12 à l'appui de sa demande. Ces réponses de M. Hintze Ribeiro ont été reproduites dans le *Livre blanc*, qui fut distribué aux membres du Parlement le 15 septembre.

Lord Salisbury ne se tint pas pour battu. Il revint à la charge et, à force d'insistance, finit par obtenir un compromis. Le Portugal autorisait l'Angleterre à faire entrer par la bouche du Chindé, dans le Zambèze, les canonnières démontées. Là, les canonnières seraient montées, mais elles ne pourraient pénétrer plus loin avant que les Cortès n'aient confirmé la convention du 20 août.

Quand l'Angleterre voulut mettre ce compromis à exécution, elle se heurta contre des difficultés inattendues. Dans les premiers jours de septembre, les transports anglais *Bucameer* et *Humber*, ayant à leur bord les canonnières démontées, se présentèrent à l'embouchure du Chindé et le commandant du *Humber* demanda à l'autorité portugaise les licences d'usage pour débarquer le matériel. Les transports anglais n'étaient pas accompagnés par des vaisseaux de guerre, et l'embouchure du Chindé n'était défendue par aucun navire portugais. L'autorité portugaise consistait en un poste de quelques hommes commandés par un sergent.

On conçoit que ce brave militaire, qui se trouvait pour la première fois de sa vie érigé en exécuteur d'un traité diplomatique, fut fort embarrassé. N'osant prendre sur lui la responsabilité de donner ou de refuser l'autorisation demandée, il envoya d'urgence un exprès au gouverneur de Quélimane, pour lui demander des instructions. Le malheur voulut que le gouverneur de Quélimane fût en ce moment en tournée d'inspection, dans son district, à plus de huit journées de marche de la ville. Son secrétaire le remplaçait. Il lui dépêcha aussitôt un courrier pour lui rendre compte de ce qui se passait et le prier de revenir au plus tôt.

Pendant ce temps, le commandant du *Humber* s'impatientait et réclamait une réponse. Comme le gouverneur n'arrivait pas, le secrétaire fort embarrassé crut bien faire en demandant conseil à M. Marianno de Carvalho, conseiller d'État, qui se trouvait par hasard et sans mission officielle à Quélimane. M. de Carvalho refusa de s'immiscer dans cette affaire, alléguant qu'il n'avait aucune qualité pour trancher la question. Cependant, afin d'éviter qu'un conflit nouveau se produisît avec l'Angleterre, il indiqua un moyen de concilier les choses. Le commandant du *Humber* pourrait débarquer le matériel des canonnières, mais il devrait donner une déclaration écrite, par laquelle il ferait savoir qu'il ne considérait pas ce fait comme un précédent pouvant être invoqué plus tard par l'Angleterre, et qu'il s'engageait à évacuer le matériel dans un délai donné. Le secrétaire du gouverneur approuva entièrement l'avis de M. Marianno de Carvalho et envoya dans ce sens des instructions au sergent qui commandait le poste du Chindé.

Sur ces entrefaites, le gouverneur de Quelimane apprit ce qui se passait et télégraphia aussitôt d'empêcher le capitaine du *Humber* de débarquer le matériel des canonnières. Le commandant du navire anglais avait déjà reçu l'autorisation demandée et commencé le débarquement du matériel, quand cette dépêche arriva. Lorsqu'on la lui communiqua, il refusa d'y obtempérer. Le commandant du Chindé protesta. Le capitaine du *Humber* prit acte courtoisement de sa protestation, mais passa outre, l'embouchure du Chindé n'étant nullement défendue.

C'est l'arrivée à Lisbonne de la dépêche qui annonçait laconiquement l'entrée des canonnières anglaises dans le Zambèze qui mit fin à la crise ministérielle de vingt-cinq jours. Il était largement temps que la situation se dénouât. Le Roi s'était vainement adressé à tous les personnages politiques capables de former un cabinet. Aucun n'avait accepté de prendre la direction des affaires dans des circonstances aussi critiques. Personne ne se souciait de provoquer une guerre avec l'Angleterre en repoussant le traité du 20 août, et, d'un autre côté, tout le monde sentait que jamais le peuple portugais ne se résoudrait à accepter ce traité.

Le vieux général Joao-Crisostomo de Abreu e Souza, après avoir frappé pendant une semaine à toutes les portes, mis à contribution toutes les bonnes volontés et tenté toutes les combinaisons possibles, était sur le point de renoncer à la mission que lui avait confiée le Roi, comme l'avait fait M. de Martens Ferrao. Sur le vu de la dépêche annonçant une difficulté nouvelle, un revirement se produisit et un courant patriotique réunit tous les hommes politiques du Portugal. Il n'y eut plus d'hésitation. Tous se mirent spontanément à la disposition du général de Abreu e Souza, et, le soir même, le cabinet était définitivement constitué.

S. Ex. le général de Abreu e Souza
Président du Conseil des Ministres de Portugal

CHAPITRE VIII

SOMMAIRE. — Les nouveaux ministres. — Les événements du Mozambique. — Les finances. — Le *modus vivendi*. — Conclusion.

Le nouveau ministère portugais est constitué de la manière suivante :

Président du conseil et ministre de la guerre, le général de Abreu e Souza ;

Ministre des affaires étrangères, M. Barbosa du Bocage ;

Ministre des finances, M. Mello Gouveia ;

Ministre de la marine, M. Ennès ;

Ministre de l'intérieur, M. Antonio Candido ;

Ministre de la justice, M. de Sa Brandao ;

Ministre des travaux publics, M. Thomas Ribeiro.

Le général Joao-Crisostomo de Abreu e Souza est certainement l'un des hommes les plus aimés en Portugal. Le général est né à Lisbonne, le 27 janvier 1811. Il a donc 79 ans. Mais les années n'ont pas de prise sur un tempérament de sa trempe. A l'âge de 22 ans, il entrait dans l'armée, où il fit sa carrière dans les armes spéciales. Possédant une instruction militaire de premier ordre, énergique, actif, il sut obtenir un avancement rapide et mérité. Il obtint, jeune encore, le plus haut grade de l'arme du génie. En même temps qu'il le nommait général, le Roi l'élevait à la dignité de pair du royaume.

Le général de Abreu e Souza a eu le portefeuille de travaux publics sous le ministère du duc de Loulé. Il était ministre des travaux publics et gérait par intérim le ministère de la marine en 1875. Lorsque M. Braamcamp fut chargé par le roi Dom Luiz de former un cabinet, le nouveau président du conseil pria le général de rester et lui confia le portefeuille de la guerre. A la guerre, comme aux travaux publics, le général de Abreu e Souza sut faire apprécier ses brillantes qualités. Il prit l'initiative d'importantes réformes. C'est à lui que le Portugal doit l'organisation d'un corps d'ingénieurs civils et le premier plan d'un réseau ferré.

La vie politique et militaire du général est sans tache et jamais la calomnie n'a effleuré le caractère de ce loyal soldat. Le général est progressiste, mais ses opinions sont assez modérées pour ne pas écarter de lui les régénérateurs. Il est très populaire dans l'armée, qui a accueilli avec joie son arrivée au pouvoir. Les généraux de l'armée portugaise actuelle n'ont pas eu l'occasion de briller sur le champ de bataille, le règne du roi Dom Luiz ayant été une longue ère de paix. Les derniers généraux qui prirent part à la guerre de l'Indépendance, comme Saldanha, sont disparus. Mais si le général de Abreu e Souza n'a pu déployer toutes ses qualités militaires, en revanche il a fait preuve d'une capacité peu ordinaire pendant son passage aux affaires.

Il fallait, pour grouper les différents partis, un homme respecté, une personnalité inattaquable, un patriote avant tout. Le nouveau président du conseil répond à toutes ces exigences, et il a su réunir autour de lui des hommes de talent et de caractère qui sauront l'aider dignement dans la tâche qu'il s'est imposée.

M. Barbosa du Bocage, le ministre des affaires étrangères qui succède à MM. Barros Gomez et Hintze Ribeiro, et à qui échoit plus spécialement la lourde tâche de régler le différend anglo-portugais, appartient à l'une des plus anciennes familles du Portugal. Il a déjà occupé plusieurs fois le département des affaires étrangères et, était dernièrement, professeur à l'École polytechnique et pair du royaume. M. Barbosa du Bocage est un régénérateur modéré.

M. Mello Gouveia était un conservateur indépendant qui avait déjà été plusieurs fois ministre.

L'expérience que lui donnait son grand âge pouvait faire espérer qu'il saurait trouver le moyen de mettre de l'ordre et de la prospérité dans les finances du royaume. Malheureusement, la maladie ne lui a pas permis de poursuivre la tâche qu'il avait entreprise. Très souffrant depuis quelque temps déjà, M. Mello Gouveia vient de donner sa démission, et c'est M. Augusto José da Cunha, pair du royaume et directeur de la Monnaie, qui avait occupé déjà le ministère des finances dans l'ancien cabinet progressiste, qui l'a remplacé.

Le nouveau ministre de la justice, M. de Sa Brandao, est un magistrat de grande valeur, qui s'est toujours tenu à l'écart des luttes politiques. Il était encore, avant de prendre le portefeuille de la justice, président du suprême tribunal administratif, qui est la cour de cassation de Portugal.

M. Thomas Ribeiro, ministre des travaux publics, est un vétéran des luttes parlementaires, qui a occupé une place à part dans la politique. M. Ribeiro n'était enrôlé ni sous le drapeau des régénérateurs ni sous celui des progressistes ; il avait su se conserver une situation indépendante, entre les deux partis. M. Thomas Ribeiro s'est fait, en Portugal, la réputation d'un orateur distingué et d'un fin lettré.

Mais les deux nouveaux personnages politiques dont l'arrivée au ministère a été accueillie avec le plus de sympathie sont MM. Antonio Ennès et Antonio Candido.

M. Antonio Ennes, qui avait d'abord débuté comme écrivain et comme poète de talent et qui s'était même révélé comme auteur dramatique, s'était engagé dernièrement dans la carrière du journalisme. Il dirigeait le journal *O Dia*, un des plus répandus de Lisbonne, qui ne cessa d'attaquer le ministère Serpa Pimentel pendant son passage au pouvoir et qui contribua, pour une grande part, à le renverser. Comme journaliste M. Ennès a été le Girardin du Portugal. Il ne faut pas trop s'étonner de voir M. Ennès au ministère de la marine. Il sera aidé dans sa tâche par des hommes spéciaux et il aura vite acquis l'expérience nécessaire pour mener à bien les affaires de son département. Ce qu'il fallait surtout, c'était avoir dans le conseil des ministres un homme de la valeur d'Antonio Ennès, qui pût mettre au service du gouvernement son intelligence hors pair et son infatigable activité. Le général de Abreu e Souza l'a bien compris, et voilà pourquoi il a absolument tenu à s'attirer le concours de M. Ennès, en considérant comme une question de seconde importance le choix du portefeuille qu'il lui a confié.

M. Antonio Candido occupe le double département de l'intérieur et des travaux publics. Orateur de grand talent, possédant une instruction hors ligne, dont il a su donner des preuves comme professeur, esprit ouvert aux idées nouvelles et larges, M. Antonio Candido, bien que débutant pour ainsi dire dans la politique, est déjà très populaire. Le nouveau ministre de l'intérieur est prêtre, mais il ne faut pas s'imaginer qu'en Portugal le clergé affranchi rêve de ramener le pays vers l'autoritarisme. La plupart des membres du clergé ont, au contraire, des opinions teintées d'une nuance de libéralisme et même de démocratie, au point que les républicains comptent sur quelques-uns d'entre eux.

Sans aller aussi loin, M. Candido a su montrer en maintes occasions qu'il faisait partie de l'école de ceux qui ont franchement rompu avec un passé suranné et qui sont décidés à marcher résolument dans la voie du progrès.

Aussitôt après la constitution du nouveau ministère, un message royal fut lu aux Cortès, pour leur présenter le nouveau cabinet et pour clore leur session jusqu'au 27 janvier. Le gouvernement, après avoir fait allusion aux événements que l'on disait avoir eu lieu à l'embouchure du Chindé, déclarait qu'il ne proposerait pas aux Chambres la ratification du traité du 20 août.

La déclaration du ministère devant les Chambres, faite au cours de la séance où elles ont été ajournées, dit textuellement ceci :

« Le gouvernement, s'identifiant avec le sentiment national, ne peut recommander à la sanction des Cortès le traité du 20 août... Il accueillera avec prévenance les modifications au susdit traité qui, sauvegardant la dignité et les intérêts de la nation, faciliteront le rétablissement de la complète harmonie entre le Portugal et son alliée d'ancienne date. »

Tout en s'apprêtant à engager des pourparlers nouveaux avec le cabinet de Londres, le ministère prit les mesures nécessaires pour empêcher une surprise au Mozambique. Des officiers et des mitrailleuses y furent envoyés en assez grand nombre, dès la fin du mois d'octobre, et le gouverneur de Mozambique reçut l'ordre de résister, par les autorités locales, aidées, s'il le fallait, des forces indigènes, sur les points où les agents de la compagnie anglaise *South african Company* tenteraient de faire acte de souveraineté au mépris du *statu quo*.

L'effet produit par ces mesures, destinées à sauvegarder la dignité nationale, fut excellent en Portugal. Tous les partis, même ceux d'opposition, approuvèrent la conduite digne et énergique du général de Abreu e Souza.

L'accueil fait au ministère fut des plus sympathiques parmi les principaux partis et aussi dans la masse de la population lisbonnaise, fatiguée des longs tiraillements qui l'avaient énervée. Les deux grandes fractions du Parlement lui offrirent leur appui dans un but d'émulation patriotique.

Outre la question coloniale, la question financière réclamait toute l'attention du Gouvernement. La déclaration du ministère, faite devant les Chambres, promettait que des économies sérieuses seraient réalisées dans les services publics et que l'équilibre budgétaire serait rétabli, sans impôts nouveaux. Il fallait pour cela avoir recours à la voie des emprunts. Un emprunt de 75 millions fut contracté, et les fonds furent avancés par plusieurs banques de Paris. La question financière une fois réglée, le Gouvernement concentra tous ses efforts à trouver une solution au conflit anglo-portugais.

Nous avons vu qu'au moment où le général de Abreu e Souza formait le cabinet, des dépêches du gouverneur de Mozambique avaient annoncé que les Anglais, après avoir forcé l'entrée du Zambèze, remontaient le fleuve malgré les protestations des autorités portugaises.

Ces dépêches, dans leur laconisme, avaient provoqué une grande émotion à Lisbonne. Il s'agissait donc de faire connaître les événements tels qu'ils s'étaient passés. Les journaux gouvernementaux expliquèrent que l'Angleterre avait fait pénétrer ses canonnières démontées, par la bouche du Chindé, dans le Zambèze.

Le journal *O Dia*, devenu gouvernemental depuis l'entrée de son rédacteur en chef, M. Antonio Ennès, au ministère de la marine et des colonies, publia une note officieuse sur la situation créée au Mozambique par cet acte de l'Angleterre. Le gouvernement ne pouvait ordonner aux autorités portugaises de l'endroit d'expulser, par la force, les canonnières anglaises des eaux du Zambèze, ce qui attirerait des conséquences graves et une lourde responsabilité vis-à-vis du gouvernement de Londres. Cependant ce fait portait atteinte aux droits de souveraineté du Portugal. En conséquence, le gouvernement portugais avait protesté auprès du Foreign Office, en renouvelant ses réserves de droit, et le gouverneur de Mozambique avait reçu l'ordre de repousser, par la force, tout acte d'hostilité que les canonnières pourraient tenter, soit sur le cours du fleuve, soit sur le territoire, au cas où les forces anglaises débarqueraient.

D'autre part le bruit s'était répandu à Lisbonne que la Compagnie anglaise *Zambezia* avait envoyé une expédition conquérir et soumettre les pays des Matabelles et des Machonas et que cette expédition, forte de huit cents hommes, s'était avancée, sous les ordres de M. Colqhoun et du général Pennefather, jusqu'à Manica sur le territoire portugais.

Ces bruits étaient fort exagérés. Voici ce qui s'était passé en réalité. Les troubles qui avaient eu lieu dans les régions de l'Afrique habitées par les Matabelles et les Machonas, étaient dus à des mésintelligences, qui avaient éclaté entre plusieurs souverains indigènes, dont les uns reconnaissaient l'autorité du Portugal et les autres celle de l'Angleterre. Quant à l'expédition de la Compagnie anglaise *Zambezia*, elle n'avait nullement occupé un point du territoire portugais, mais se trouvait à plusieurs centaines de milles de Manica, près du mont Hampden, dans le pays des Machonas, où elle comptait occuper et mettre en valeur les placers d'or qui s'y trouvent.

Sur ce point, encore, le gouvernement portugais démentit les bruits répandus. Mais le ministère comprit qu'il fallait à tout prix sortir de la situation où l'on se trouvait.

Des négociations furent entamées à la fois à Lisbonne, entre sir Glynn Petre et M. Barbosa du Bocage, et à Londres, entre lord Salisbury et le nouveau plénipotentiaire de Portugal M. Luiz de Soveral.

Après bien des pourparlers et bien des insistances, le Gouvernement portugais fit comprendre à lord Salisbury qu'il était impossible d'accepter le traité du 20 août, sans risquer de causer les troubles les plus graves au Portugal, et que l'Angleterre avait elle-même intérêt à ne pas imposer brutalement sa volonté, au mépris des principes qui régissent la solidarité monarchique en Europe.

Soit que le chef du ministère anglais se rendît à ces raisons, soit qu'il obéît à d'autres influences venues de plus haut, toujours est-il qu'il consentit, en principe, à ce que le traité du 20 août fût considéré comme caduc, mais à condition, toutefois, qu'il intervînt entre l'Angleterre et le Portugal un *modus vivendi*, qui réglât exactement la situation respective des deux nations pendant la période de temps qui s'écoulerait jusqu'à la conclusion d'un nouveau traité.

Le cabinet portugais accepta avec empressement la proposition de l'Angleterre, et aussitôt commencèrent les pourparlers en vue du *modus vivendi*, qui devait permettre aux deux nations d'attendre que la question africaine fût définitivement réglée.

L'Angleterre tenait surtout à obtenir la concession de la libre navigation sur le Zambèze et le Chiré. En échange, elle s'engageait à ne plus conclure d'arrangements avec les tribus indigènes et à regarder comme non avenues les conventions conclues depuis le 30 août sur les territoires en litige.

Le Gouvernement portugais, avant de conclure à Londres ce *modus vivendi*, voulut un peu tâter le terrain en Portugal. Les journaux gouvernementaux publièrent les propositions de l'Angleterre, en faisant ressortir le grand avantage qu'il y aurait, pour le Portugal, à voir le traité du 20 août annulé et remplacé par une convention, qui non seulement était beaucoup plus avantageuse pour le Portugal, mais qui, de plus, avait cet immense avantage d'être provisoire et, par conséquent, de permettre au Gouvernement portugais d'essayer de modifier encore ses clauses dans le traité définitif, qui devait être conclu plus tard.

La publication des propositions de l'Angleterre fut accueillie, sinon avec joie, du moins sans manifestations hostiles en Portugal. On commençait à se résigner et à s'habituer à l'idée du sacrifice inévitable qu'il fallait subir. Deux mois auparavant, les prétentions du cabinet de Londres eussent soulevé des tempêtes à Lisbonne et dans la province, mais on était fatigué de protester. On commençait à sentir que fatalement, dans ce partage précipité de l'Afrique, les petites nations devaient être sacrifiées devant les intérêts des trois grandes puissances navales et coloniales d'Europe.

La situation du Portugal était compromise et menacée bien avant les événements qui amenèrent le conflit avec l'Angleterre. Les Portugais se rendaient compte que l'humiliation infligée au Portugal était le résultat d'un manque de prévoyance. C'est au lendemain de la conférence de Berlin qu'il fallait traiter avec l'Angleterre, comme on l'avait fait avec la France et avec l'Allemagne. En Portugal, on a été trop confiant dans la loyauté politique des Anglais. On a oublié que ceux-ci ont toujours agrandi leur domaine colonial par des coups de surprise, ou au détriment des nations trop faibles pour leur résister. Aujourd'hui, les Portugais subissent les conséquences de leur faute, et ce serait une injustice que de rendre responsable de cette faute le Gouvernement actuel.

Les journaux de l'opposition critiquèrent néanmoins le projet du Gouvernement. Ils déclarèrent que si le Portugal acceptait de reconnaître la liberté de navigation sur le Zambèze, il légitimerait par cela même l'entrée des canonnières anglaises dans ce fleuve, opérée en violation des droits du royaume. Ils reprochaient au ministère de ne pas se conformer au fier langage qu'il avait tenu dans sa déclaration devant le Parlement. Mais ils n'indiquaient pas le moyen de faire obtenir gain de cause au Portugal, dans la partie ardue engagée avec l'Angleterre.

Les journaux *regeneradores* du parti qui était au ministère lors de la Convention du 20 août et qui étaient restés fidèles à MM. de Serpa Pimentel et Hintze Ribeiro, commentèrent le projet dans le sens des couplets de *Madame Angot :* « Ce n'était pas la peine, assurément, de changer de gouvernement ! » D'après eux, les principales clauses du traité du 20 août formaient les bases mêmes du *modus vivendi.* « Le *modus vivendi*, disait la *Gazette de Portugal*, c'est le traité du 20 août en latin. »

Certes, il eût mieux valu que l'Angleterre renonçât à toutes ses prétentions, mais malheureusement le cabinet de Londres, s'appuyant sur la loi du plus fort, ne voulait pas entendre parler droit et, dans ces conditions, le *modus vivendi* que le Gouvernement portugais s'apprêtait à conclure, pouvait être considéré, à juste titre, comme un résultat heureux pour la diplomatie portugaise. Il permettait en tout cas de discuter à fond la question du traité définitif, et d'essayer, en gagnant du temps, de faire agir des influences morales à Londres.

Le traité du 20 août ne se contentait pas d'enlever des territoires au Portugal. Il établissait de véritables servitudes à la charge du Gouvernement portugais, portait atteinte à son autorité au Mozambique et aussi dans la province d'Angola.

Et puis la situation n'était plus la même au mois de novembre qu'au mois d'août. Bien des événements s'étaient passés en Afrique pendant ces quelques mois. Les Anglais avaient fait chaque jour des progrès nouveaux. Tandis qu'on parlementait, la *South african Company*, soutenue par lord Fife et par le *Times*, s'établissait sur les gisements aurifères du territoire des Machonas et les exploitait. Les Anglais connaissaient la puissance du fait accompli et ils acquéraient continuellement des gages qui devaient leur servir à tirer parti de leurs revendications futures. Les peuplades africaines, soulevées par les agents anglais, se révoltaient, une à une, contre l'autorité des Portugais. Il fallait, à tout prix, arrêter cet état de choses et obtenir de l'Angleterre qu'elle observât le *statu quo*, pendant que l'on négocierait le traité définitif. Or, pour cela, il n'y avait pas d'autre moyen que d'établir un *modus vivendi*. D'ailleurs, la plupart des hommes politiques du Portugal approuvaient le projet du Gouvernement, et le langage des journaux républicains eux-mêmes était loin d'être aussi hostile que lors du traité du 20 août.

C'est le 14 novembre que fut signé à Londres le *modus vivendi* dont voici le texte :

1° Le Gouvernement portugais s'engage à décréter immédiatement la liberté de la navigation sur le Zambèze et le Chiré;

2° Le Gouvernement s'engage aussi à permettre et à faciliter le transit sur les cours d'eau du Zambèze, du Chiré et du Poungoué, et à ouvrir les routes de terre qui servent de voie de communication, dans les parties où ces rivières ne sont pas navigables;

3° Le Gouvernement s'engage, en outre, à faciliter les communications entre les ports portugais de la côte et les territoires compris dans la sphère d'action de la Grande-Bretagne, spécialement en ce qui concerne les communications postales et télégraphiques et le service des transports;

4° Les deux Gouvernements s'engagent à reconnaître les limites territoriales indiquées dans la Convention du 20 août 1890, en ce sens que, pendant toute la durée du présent accord, aucune des deux puissances contractantes ne pourra conclure de traités, accepter de protectorats, ni exercer aucun acte de souveraineté dans les sphères d'influence assignées à l'une et à l'autre partie par ladite Convention. D'autre part, ni l'une ni l'autre ne seront, par cet accord, considérées comme préjugeant aucune question, quelle qu'elle soit, qui pourra surgir, concernant les limites territoriales, au cours des négociations ultérieures ;

5° Le présent accord recevra son application à partir de la date de sa signature et restera en vigueur durant une période de six mois.

Fait à Londres, le 14 novembre 1890.

Signé : SALISBURY, LUIZ DE SOVERAL.

Huit jours après, le journal officiel de Lisbonne publiait quatre décrets, qui accordaient le libre transit entre l'embouchure du Poungoué et les territoires compris dans la sphère de l'influence de l'Angleterre, moyennant un droit de 3 o/o *ad valorem*, et proclamaient ouverte à toutes les puissances la navigation de la partie du Zambèze et du Chiré appartenant au Portugal. Les principes généraux appliqués à la navigation du Zambèze et du Chiré étaient exactement ceux que fixa la conférence de Berlin pour la navigation du Niger.

Le *modus vivendi* a cet avantage immense d'arrêter les empiètements de la *South african Company* et de la Compagnie *Zambezia*, et de remettre en question leurs derniers progrès dans les régions dont le Portugal revendique la possession. De plus, comme l'a fait remarquer le journal *O Tempo*, l'établissement d'un entrepôt aux bouches du Chindé, la construction du chemin de fer du Poungoué, la liberté de navigation concédée par le Portugal sur tous ses cours d'eau africains, la liberté du commerce et des missions reconnue non seulement en Afrique orientale, mais encore dans la province d'Angola, et surtout cet article humiliant, aux termes duquel le Portugal ne pouvait aliéner aucune portion du territoire de ses colonies sans le consentement préalable de l'Angleterre, toutes ces clauses qui avaient soulevé les esprits contre la convention du 20 août ne figurent pas dans cet arrangement provisoire, qui lui-même ne fait que précéder la conclusion du nouveau traité.

La grande majorité de la nation a accueilli avec un sentiment de soulagement bien compréhensible le *modus vivendi* conclu avec l'Angleterre, et les marques de sympathies affluent de plus en plus chaque jour autour du ministère de Abreu e Souza.

Espérons que ce premier succès obtenu par le cabinet de Lisbonne sera bientôt suivi d'une entente définitive, qui tranchera le conflit anglo-portugais, en sauvegardant les intérêts et la dignité du Portugal. Par son courage et son énergie, par la ténacité avec laquelle il a soutenu ses droits, le peuple portugais s'est attiré les sympathies de l'Europe entière. Il a montré que s'il ne comptait plus comme autrefois, par sa puissance, au premier rang des nations européennes, il a du moins su conserver cette étincelle sacrée du patriotisme, qui fait parfois accomplir des prodiges. Un peuple, quelque petit qu'il soit, est toujours dangereux quand il est décidé à tout pour sauver l'honneur de son drapeau. Nous espérons que l'Angleterre le comprendra et que, grâce à leur patriotisme, les Portugais sortiront la tête haute de la crise qu'ils traversent.

Lisbonne, Décembre 1890.

FIN

TABLE DES MATIÈRES

CHAPITRE V

CHAPITRE VI

CHAPITRE VII

CHAPITRE VIII

FIN DE LA TABLE DES MATIÈRES

Paris. — Soc. d'Imp. PAUL DUPONT (Cl.) 1644.12.90.

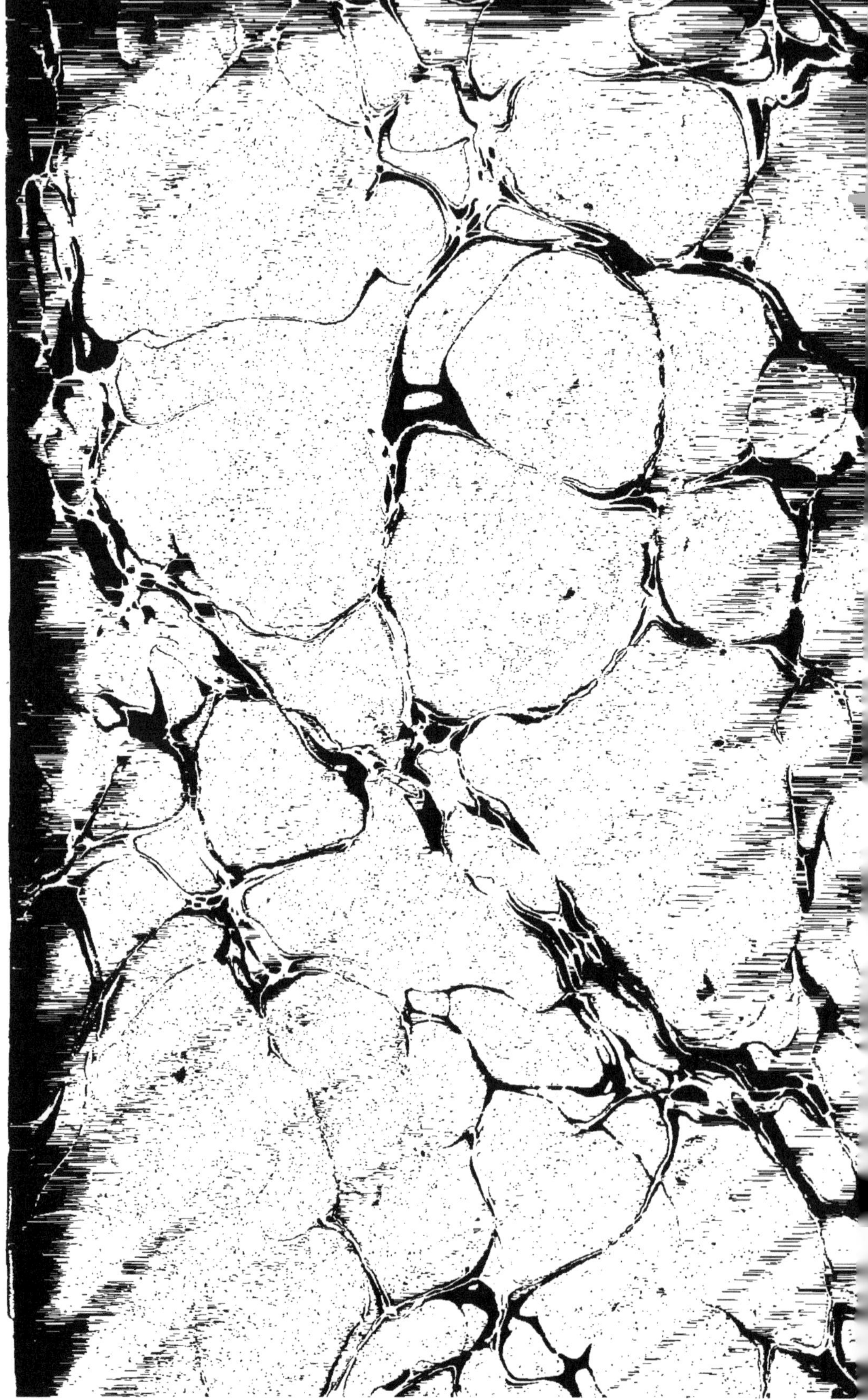

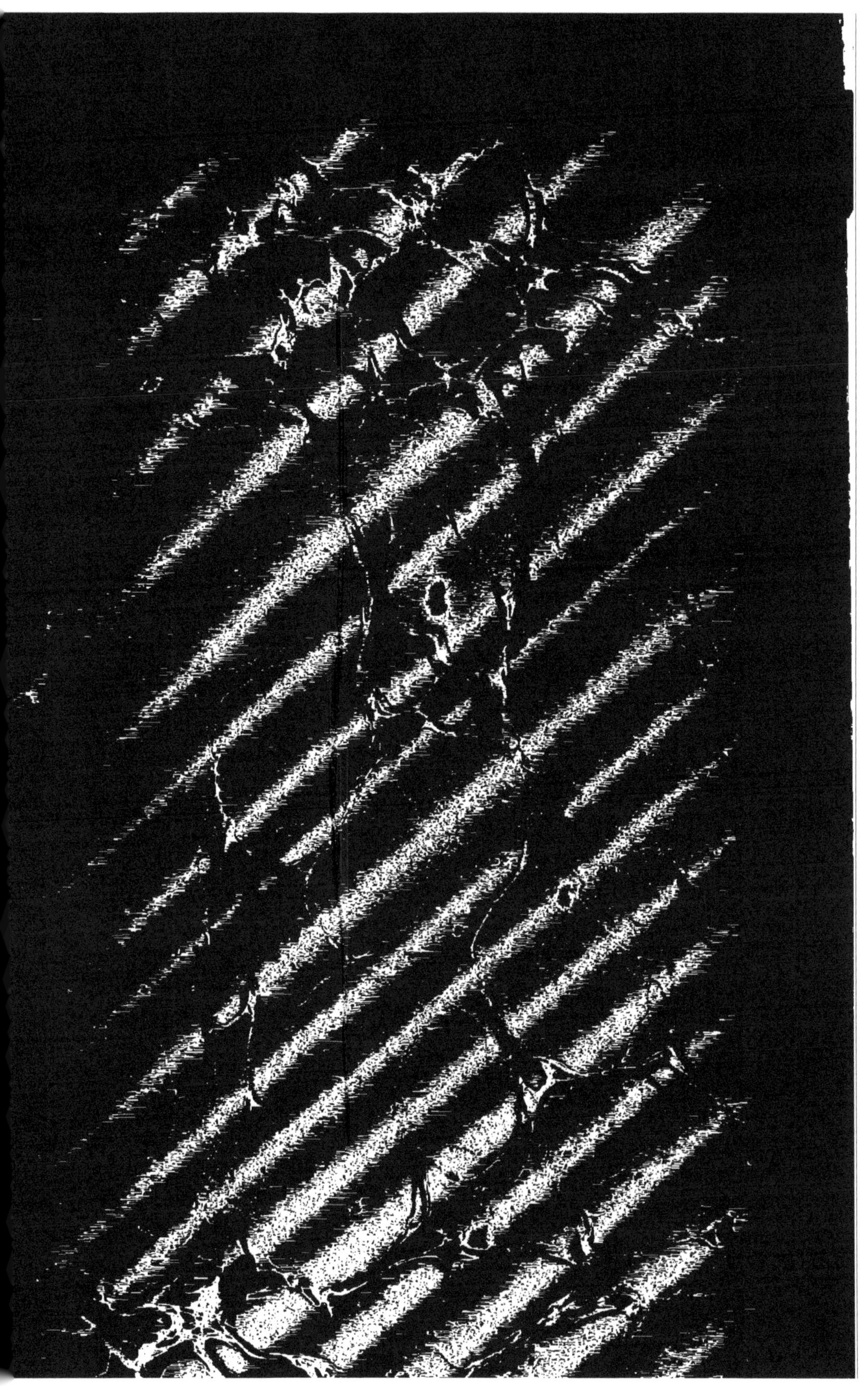

www.ingramcontent.com/pod-product-compliance
Ingram Content Group UK Ltd.
Pitfield, Milton Keynes, MK11 3LW, UK
UKHW012219240726
13966UKWH00003B/848